DEVENEZ MILLIONNAIRE AUTOMATIQUEMENT AVEC LES ETF :

Mettez vos finances personnelles en mode pilote automatique et enrichissez-vous sans effort !

Ludovic MARIN

Éditeur originel : *AMAZON*

67 Boulevard du Général Leclerc, Clichy (92110), France.

Copyright © 2021 MARIN Ludovic

All rights reserved – Tous droits réservés.

ISBN : 9798725965629

50ᵉ OUVRAGE PUBLIÉ

Le livre que vous tenez entre les mains a quelque chose de spécial. En effet, il s'agit du 50ᵉ ouvrage que je publie. Très peu d'écrivains écrivent autant d'ouvrages pendant une vie entière ! Je n'aurais jamais diffusé autant de livres si le public à travers la planète ne m'avait pas fait confiance. Pour ceux qui ne me connaissent pas encore, je vous propose ci-dessous une *auto-interview*.

Qui êtes-vous ?

Je m'appelle MARIN Ludovic. Docteur en histoire des relations internationales, je suis un chercheur, un investisseur et un entrepreneur français.

Concernant mes activités littéraires, MARIN Ludovic, c'est : **50 livres autopubliés, traduits en 10 langues, et vendus à plusieurs milliers d'exemplaires dans le monde.**

Comment êtes-vous venu à la publication ?

Comme la majorité des auteurs, c'est la lecture qui a précédé l'écriture. Ayant toujours adoré écrire, j'ai décidé de tenter l'expérience de l'autoédition en 2017. Mes ouvrages ont rapidement connu un certain succès aussi bien en France qu'à l'international. Cela m'a incité à continuer l'aventure éditoriale, tout en poursuivant mes autres activités.

Quel genre de livres publiez-vous ?

Beaucoup de lecteurs me connaissent pour mes ouvrages sur l'économie. Pourtant, il ne s'agit que d'une partie de mon œuvre littéraire. En effet, je suis un auteur polygraphe. Ainsi, j'écris dans des domaines aussi variés que :

- les romans ;
- les nouvelles ;
- les relations internationales ;
- le développement personnel…

Quelle est votre éthique d'auteur ?

Mon but est que le plus de personnes possibles aient accès à mes œuvres. C'est la raison pour laquelle, je propose des ouvrages de qualité au prix le plus bas possible. Étant un auteur autoédité, je suis également indépendant dans **la manière de traiter les sujets dans mes livres**. Je ne suis ni soutenu par un éditeur ni par un *lobby* ce qui me permet d'aborder des thèmes peu ou pas traités par les ouvrages publiés dans l'édition classique. La communauté de lecteurs qui s'est formée autour de mes œuvres apprécie ma liberté de ton.

L'ensemble de mes ouvrages brochés sont conçus avec des matériaux recyclables. De plus, conformément aux idées humanistes que je prône dans mes livres, je donne 1% de mes revenus littéraires à différentes causes.

Est-ce que vous proposez des produits complémentaires à vos livres ?

Beaucoup de gens me demandent souvent de faire d'autres choses. Je ne leur veux que du bien et je souhaiterai pouvoir les aider davantage mais je dis non à toutes les demandes car je me concentre sur mes priorités et uniquement sur elles. C'est pour cela que je ne fais pas de *coaching* personnalisé, des séminaires, des conférences, ou des séances de dédicaces car il s'agit de travail en temps réel non compatible avec mes autres activités. Néanmoins, je n'exclus pas complètement de lancer un jour d'autres projets. Je vous en tiendrai informé sur ma page auteur officielle.

<u>Comment vous suivre et/ou vous contacter ?</u>

- **Ma page auteur officielle :**

---

https://ML-Livres.blogspot.com

J'inaugure une nouvelle page auteur avec le lancement de ce 50e ouvrage. Vous y trouverez de nombreuses informations utiles. N'hésitez pas à la consulter régulièrement afin d'être informé des dernières nouveautés.

- **Mon courriel :**

ML4ContactMe@gmail.com

Si vous avez des questions sur mes ouvrages, n'hésitez pas à m'envoyer un *mail*. J'essaie de répondre au maximum de lecteurs possible. Cependant, je précise que je ne donne aucun conseil, notamment sur l'argent, car je ne suis pas conseiller.

Remerciements :

Je remercie toutes celles et tous ceux qui m'ont fait confiance en lisant mes ouvrages. Et je sais que vous êtes nombreux à offrir mes livres à vos proches, notamment ceux traitant de l'argent, afin de les initier aux bonnes pratiques de la gestion de leurs finances personnelles. Ce 50e ouvrage devrait d'ailleurs aider un grand nombre de personnes dans ce domaine.

Si vous aimez mes livres, **n'hésitez pas à me mettre la note maximum d'appréciation (généralement « 5 étoiles ») sur la plateforme où vous l'avez acheté**. Cela ne vous coûtera rien et vous prendra moins d'une minute.

Autres ouvrages publiés par Ludovic MARIN

Mes livres sont disponibles en version papier et/ou *ebook* sur plusieurs plateformes d'édition (AMAZON, APPLE, GOOGLE, KOBO...).

<u>**Entreprendre :**</u>

- *Osez entreprendre !*, Amazon, 2020, 165 p.
- *Votre Argent ou votre Vie : comment devenir riche et le rester ?, Amazon, 2020, 176 p.*

<u>**Immobilier :**</u>

- *S'enrichir avec les dividendes croissants des meilleures foncières cotées françaises : l'immobilier des SIIC*, Amazon, 2020, 197 p.
- *Devenir automatiquement rentier avec les dividendes des SIIC et des REIT : guide en seulement 5 étapes !*, Amazon, 2020, 180 p.
- *Devenir facilement rentier avec les dividendes des SCPI : guide en seulement 5 étapes !*, Amazon, 2020, 193 p.
- *S'enrichir avec les dividendes des SCPI : le guide complet !*, Amazon, 2020, 191 p.

- *S'enrichir avec les stationnements (parkings, box et garages)*, Amazon, 2020, 181 p.
- *Devenir riche avec l'immobilier (ETF immobilier, OPCI, groupements fonciers...)*, Amazon, 2020, 182 p.
- *Investir avec succès dans l'immobilier locatif*, Amazon, 2019, 182 p.
- *S'enrichir facilement dans l'immobilier avec les SCPI : le guide complet*, Amazon, 2019, 199 p.
- *Guide pour s'enrichir simplement avec l'immobilier des foncières cotées (SIIC et REIT)*, Amazon, 2019, 160 p.
- *S'enrichir facilement depuis chez soi avec l'immobilier coté et non coté (SIIC, REIT et SCPI)*, Amazon, 2019, 198 p.

Bourse

- *Devenez millionnaire automatiquement avec les ETF : mettez vos finances personnelles en mode pilote automatique et enrichissez-vous sans effort !*, Amazon, 2021, 185 p.
- *S'enrichir avec les ETF à dividendes*, Amazon, 2021, 196 p.
- *S'enrichir avec les dividendes croissants des entreprises du FTSE MIB en Italie*, Amazon, 2020, 171 p.

- *S'enrichir avec les dividendes croissants des compagnies du SMI 20 en Suisse*, Amazon, 2020, 156 p.
- *S'enrichir avec les dividendes croissants des entreprises du DAX 30 en Allemagne*, Amazon, 2020, 176 p.
- *S'enrichir avec les dividendes croissants des entreprises du SBF 120*, Amazon, 2020, 178 p.
- *S'enrichir simplement avec les rois du dividende : découvrez les Dividend King !*, Amazon, 2020, 176 p.
- *Comment s'enrichir sans efforts en bourse avec les dividendes mensuels ?*, Amazon, 2019, 154 p.
- *S'enrichir automatiquement en bourse avec les aristocrates du dividende en Europe*, Amazon, 2019, 180 p.
- *S'enrichir en bourse sans effort avec les ETF : le guide complet*, Amazon, 2019, 161 p.
- *S'enrichir facilement avec les aristocrates du dividende français*, Amazon, 2019, 151 p.
- *Comment s'enrichir sans effort avec les dividendes des entreprises du CAC 40 ?*, Amazon, 2019, 189 p.
- *Comment devenir riche avec les dividendes en 7 jours ?*, Amazon, 2018, 153 p.
- *Devenez riche automatiquement avec les dividendes croissants*, Amazon, 2017, 104 p.

Finances personnelles

- *Devenez riche et partez en retraite anticipée ! : découvrez l'investissement en ETF/tracker*, Amazon, 2020, 194 p.
- *La semaine des 7 Dimanches : stratégie pour s'enrichir et devenir rentier !*, Amazon, 2019, 199 p.
- *Les femmes méritent d'être aussi riches que les hommes : guide sur l'argent*, Amazon, 2019, 145 p.
- *S'enrichir simplement avec les revenus passifs : travaillez moins, gagnez plus et vivez mieux !*, Amazon, 2019, 164 p.

Développement personnel :

- *Valoriser son talent pour s'enrichir : le guide de référence !*, Amazon, 2020, 134 p.
- *Parler pour convaincre : le livre de référence sur la parole en public*, Amazon, 2019, 102 p.
- *Construire une vie plus riche : 7 jours pour tout changer*, Amazon, 2017, 90 p.

Relations internationales :

- *La relation spéciale France – Canada – Québec (1534-2014)*, Amazon, 2020, 194 p.
- *La relation spéciale États-Unis – Canada (1867-1914)*, Amazon, 2019, 112 p.
- *La relation spéciale États-Unis – Canada (1834-1867)*, Amazon, 2017, 170 p.
- *La relation spéciale États-Unis – Canada (1763-1834)*, Amazon, 2017, 225 p.
- *15 leçons de géopolitique sur les États-Unis et le Canada*, Amazon, 2018, 140 p.
- *Le Québec dans la guerre froide : une relation spéciale avec la France*, Amazon, 2019, 194 p.
- *Le Québec dans la Seconde Guerre mondiale : une relation spéciale avec la France*, Amazon, 2018, 158 p.
- *Le Québec dans la Première Guerre mondiale : une relation spéciale avec la France*, Amazon, 2018, 131 p.
- *Le complexe militaro-industriel du Québec : évolution et liens avec la France*, Amazon, 2018, 171p.
- *Chroniques d'Amérique du Nord : Tome 1*, Amazon, 2017, 106 p.

Histoire :

- *Le Québec dans les guerres (1534-2014)*, Amazon, 2019, 292 p.
- *Le Québec sous l'occupation britannique (1759-1871)*, Amazon, 2017, 289 p.

Romans :

- *Chroniques des robots (Tome 1) : la porte de l'espace*, Amazon, 2018, 264 p.
- *Le secret des glaces*, Amazon, 2018, 231 p.
- *Odyssée dans l'espace*, Amazon, 2019, 213 p. (nouvelle édition).

Nouvelles :

- *Nouvelles fantastiques : Tome 1*, Amazon, 2017, 80 p.

*　　*　　*

Sommaire

Avertissement

L'auteur de cet ouvrage a tenu à apporter le plus grand soin à sa préparation. Il ne peut, cependant, pas être tenu pour responsable d'une mauvaise interprétation de son contenu, ni d'erreurs ou d'omissions totalement involontaires de sa part, ni de la mauvaise utilisation qui pourrait être faite par des tiers.

Toutes les informations fournies dans cet ouvrage sont, par nature, génériques. Elles ne tiennent pas compte de votre situation personnelle et ne constituent en aucune façon des recommandations personnalisées en vue de la réalisation de transactions et ne peuvent être assimilées à une prestation de conseil en investissement financier, ni à une incitation quelconque à acheter ou vendre des instruments financiers.

Le lecteur est seul responsable de l'utilisation des informations fournie. La responsabilité de l'auteur ne saurait en aucun cas être engagée en cas de dommages directs ou indirects quels qu'ils soient. Les propos de cet ouvrage sont fournis « tel quel » et ne peuvent donner lieu à des garanties quelles qu'elles soient. L'auteur ne garantit pas l'exactitude des propos des sites listés à titre informatif dans le présent ouvrage.

Introduction

« N'importe qui peut transformer 5 000$ en presque 1 million[1] ».

Ron Baron (investisseur et gestionnaire de fond américain).

Me croirez-vous si je vous disais qu'il existe une stratégie d'investissement que même un enfant de 7 ans peut mettre en œuvre, qui vous prendra seulement 1 minute de travail par mois, et qui vous rendra automatiquement millionnaire ? Mais quel est donc ce secret de l'enrichissement ? Il tient en 3 lettres : **ETF (*Exchange Traded Funds*)**. On anglais, on parle aussi de « *tracker* » pour désigner les ETF. Il s'agit de fonds d'investissement, cotés en bourse, qui répliquent la performance d'un indice qu'ils suivent. Les ETF permettent de devenir millionnaire si vous suivez la méthode proposée dans ce livre.

Oh oui, je sais que beaucoup de gens diront : « C'est impossible ! » ou « C'est une arnaque ! ». Et ils arrêteront la lecture du présent ouvrage. Ils resteront pauvres. Mais pas vous. Vous avez un état d'esprit différent. Vous avez lu le titre du présent ouvrage et vous vous êtes dit : « Pourquoi pas moi ? Pourquoi ne pourrais-je pas devenir millionnaire ? ». Vous êtes

---

[1] Zone Bourse, « Stratégie : le jeune investisseur deviendra millionnaire », 31 août 2018, p.1.

donc prêt à découvrir la méthode que je vous propose de mettre en œuvre.

Il ne s'agit pas d'une fausse promesse. Tout ce que je vous soumets ici est du réel, du tangible, du pratique. Par exemple, le Canadien Andrew HALLAM est devenu millionnaire avec ses placements en ETF capitalisant[2]. Toutes les explications que je donne sont issues de sources que je cite en notes de bas de page et que vous pourrez facilement vérifier. Donc, tout ce que j'écris a été démontré. Ceux qui appliqueront, étape par étape, la méthode de cet ouvrage réussiront sans problème à conquérir leur indépendance financière.

Vous n'avez besoin ni d'avoir un énorme revenu, ni d'être bon en mathématiques, ni d'avoir une motivation, ni d'être un féru des nouvelles technologies pour réussir à vous enrichir.

Ce livre vous apprendra beaucoup d'informations qui vont révolutionner votre existence. Vous allez littéralement vous transformer d'une personne qui se dit qu'elle veut être riche à une personne qui est capable d'être riche. Il n'y a rien de magique dans la méthode proposée. Elle est simple à mettre en œuvre et aisément reproductible par tous. **Vous allez mettre en**

---

[2] Andrew Hallam, *Millionaire Teacher: The Nine Rules of Wealth You Should Have Learned in School*, John Wiley & Sons Inc, 2016, 252 p. ; Les Affaires.com, « Andrew Hallam, le professeur millionnaire », 27 août 2016, 2 p.

place un système qui va travailler automatiquement pour vous afin de vous enrichir. Vous allez devenir rentier grâce à la bourse.

Évidemment, vous ne deviendrez pas millionnaire du jour au lendemain, ni même l'année prochaine, avec la méthode que je vous propose. La vitesse à laquelle vous vous enrichirez dépendra exclusivement de votre capacité d'investissement. Il faudra compter en moyenne une vingtaine d'années pour la plupart des gens. Toutefois, ce qui n'est vraiment pas beaucoup quand l'espérance de vie est de plus de 80 ans aujourd'hui.

Imaginez votre vie dans quelques années : de l'argent à la banque, pas de dettes, une maison que vous possédez en totalité, et un plan en place qui vous permettra de devenir millionnaire et de le rester. Il suffit simplement d'appliquer la méthode de ce livre. **Vous allez apprendre à mettre en place une stratégie d'investissement passif en bourse (le *lazy investing* comme l'appellent si bien nos amis Anglo-saxons).**

Cependant, la majorité des gens ne mettent pas en œuvre cette stratégie. Pourquoi ? Tout simplement parce qu'ils suivent une méthode « sans risque » car ils ont peur de la bourse. Ils ne supportent pas que le cours des titres varie à la hausse et à la baisse chaque jour. Ils craignent que leur capital durement gagné ne partent en fumée en plaçant leur argent dans les marchés financiers. Alors, ils laissent leur argent dans des comptes dont le capital est garanti, mais qui rapportent moins que l'inflation, et ils attendent sagement une retraite dont le montant et la perspective d'en bénéficier ne cesse de diminuer au fil des réformes successives[3]. Que se passera-t-il si vous suivez cette méthode appliquée par la majorité des gens ? C'est très simple : vous obtiendrez le même résultat qu'eux, c'est-à-dire que vous allez travailler très longtemps et que vous profiterez très peu de votre retraite.

Il n'y a qu'une seule personne sur Terre qui peut venir à votre secours, et vous savez qui c'est, non ? C'est vous-même ! Il ne suffit pas de savoir comment devenir riche, il faut aussi se remettre en question. C'est-à-dire qu'il faut revoir votre relation vis à vis de votre travail, de votre couple ou encore de vos enfants. Il faut se débarrasser de vos préjugés et de vos certitudes d'aujourd'hui. Il faut remettre en perspective votre existence.

Si vous voulez devenir une de ces personnes qui réussissent à faire ce qu'elles désirent, quand elles le veulent, ma stratégie vous fera réussir. Si vous appliquez scrupuleusement la méthode de ce livre, alors vous vous enrichirez automatiquement. Notez bien que j'ai écrit « si », c'est très important. Pourquoi ? Parce que la méthode que je

---

[3] François Ecalle, « Oui, il faut reculer l'âge de départ à la retraite ! », Capital, 3 juin 2019, 2 p.

vais vous présenter est très simple à mettre en œuvre…mais encore faut-il agir avec constance dans le temps ! Vous ne deviendrez jamais riche instantanément avec cette méthode. Il va falloir laisser faire le temps. Le problème est que la régularité est ce qui fait le plus défaut à la plupart des gens. Par exemple, nous savons tous comment perdre du poids. Il suffit de manger équilibré et de faire du sport tout au long de sa vie. Qui ignore cela ? Personne. Pourtant, combien de gens grossissent et n'arrivent pas à réduire leur poids ? Énormément ! Beaucoup d'individus mangent mal et font peu (voire pas du tout) d'activité physique. C'est exactement la même chose pour vos finances personnelles : la recette est simple mais elle n'est appliquée que par une minorité de personnes. Faire un régime, tout comme investir son argent, sont des choses simples, mais ce ne sont pas des choses faciles pour autant.

Alors, êtes-vous prêt à devenir millionnaire ? Si la réponse est « oui », ne perdons pas de temps. Ce livre n'est pas un taxi ou un guide de voyage : c'est une carte. Pour atteindre la prospérité, vous devrez passer à l'action. Je vous enseignerai comment utiliser tous les outils nécessaires mais je ne ferai pas le travail à votre place.

Soyez conscient que maîtriser les outils pour devenir un investisseur compétent va vous coûter quelques heures de travail. Il faudra donc que vous preniez du temps en plus de la présente lecture. La bonne nouvelle est que si vous le faites, votre effort de suivre la carte que je vais vous proposer sera récompensé. Sinon, vous n'obtiendrez aucun résultat.

Je précise dès cette introduction que je ne suis pas un conseiller financier. **Ce livre a été écrit en toute indépendance.** Il ne reflète que mes opinions, mes expériences et ma propre façon de voir le sujet traité. Les exemples ou les stratégies que je décris ne constituent en aucun cas des modèles absolus. Ils ne donnent aucune garantie de succès dans votre cas. A cet égard, ils ne peuvent être considérés comme des incitations, prévisions, sollicitations, recommandations, conseils d'achat ou de vente de produits financiers, spéculatifs ou autres.

De plus, je ne reçois aucune commission des sociétés que je cite dans le présent livre. Je ne suis en aucune façon lié à elles. Vous devez décider par vous même si vous estimez que vous accordez du crédit à ce que je partage avec vous dans ce livre. C'est uniquement votre décision. Je ne prends aucune responsabilité légale ou autre pour vos choix.

Ce livre n'est pas structuré en « partie » ou « chapitre » mais en étapes qui s'enchaînent. Je vous conseillerais de ne pas lire plus d'une étape par jour, de façon à ce que vous puissiez avoir le temps de réfléchir tranquillement aux implications sur votre propre vie de ce que je vous explique et laisser mûrir les choses. Mais c'est vous qui décidez.

Maintenant que nous avons clairement établi les règles entre nous, nous pouvons entrer dans le vif du sujet. Dès que vous vous sentez prêt, passez à la page suivante pour commencer la passionnante aventure de l'enrichissement.

*   *

*

ÉTAPE 1 : BILAN DE VOTRE SITUATION

Comme je vous l'ai indiqué dès l'introduction, ce livre s'appuie exclusivement sur des faits basés sur des sources que vous pouvez facilement consulter. Le premier point que nous allons étudier, c'est la manière dont vivent les riches. Le but est de faire tomber certains clichés. Mais avant, nous allons réaliser ensemble un bilan de votre situation personnelle.

Bilan de votre situation

Cochez la case « oui » ou « non » pour répondre à chacune des questions suivantes :

Faites-vous une différence entre un actif et un passif financier ?

❑ Oui   ❑ Non

Épargnez-vous tous les mois ?

❑ Oui   ❑ Non

Avez-vous un fond d'urgence pour faire face aux imprévus de la vie ?

❑ Oui   ❑ Non

Êtes-vous propriétaire de votre résidence principale ?

❑ Oui   ❑ Non

Avez-vous un plan d'enrichissement automatique ?

❑ Oui   ❑ Non

Si vous répondez non à l'une de ces questions, vous avez besoin de lire de toute urgence le présent ouvrage !

Attention ! Je le répète : la stratégie proposée par le présent ouvrage a pour but de vous permettre de créer un système d'enrichissement automatisé et non pas de vous enrichir instantanément. Il vous faudra de nombreuses années pour devenir millionnaire (nous verrons plus précisément combien de temps plus loin). Tout ce dont vous devez prendre conscience, c'est qu'aujourd'hui, grâce au progrès technologique, vous pouvez mettre vos finances personnelles en mode « pilote automatique » et atteindre la prospérité. C'est simple à faire mais…encore faut-il le faire !

<u>Petite introduction sur l'argent</u>

Les familles françaises jouissent aujourd'hui du plus haut niveau de vie de toute période de l'histoire de ce pays et ce malgré le discours négatif des médias[4]. Ce magnifique niveau de vie moyen est tellement élevé que presque tous les individus mènent aujourd'hui une vie plus confortable que celle de l'empereur Napoléon Ier lorsqu'il était maître de l'Europe au 19e siècle !

Les innovations technologiques et les gains de productivité ont permis, même aux Français les plus modestes, de ne plus connaître de famine, d'être mieux soigné ce qui a accru considérablement leur espérance de vie, de bénéficier de congés payés, d'avoir du chauffage à volonté et de l'eau courante dans le logement, de communiquer avec n'importe qui sur la planète en temps réel, de voler à travers le monde entier... C'est le capitalisme qui a permis tous ces changements positifs.

Cependant, **malgré l'élévation extraordinaire de la qualité de la vie, la plupart des gens ne maîtrisent pas les règles du jeu de notre système économique capitaliste.** Ils sont pris au piège de la *Rat Race* comme nos amis Anglossaxons l'appellent si bien[5]. De quoi s'agit-il ? C'est simple. Observez votre vie. Pourquoi chaque matin, quittez-vous votre famille, faites la queue dans les bouchons, travaillez pour

---

[4] Anne-Aël Durand, « Que reste-t-il après avoir payé les factures ? Les dépenses contraintes minent le pouvoir d'achat », Le Monde, 14 novembre 2018, 2 p.
[5] Robert T. Kiyosaki, *Rich Dad's Escape from the Rat Race*, Plata Publishing, 2013, 64 p.

quelqu'un d'autre toute la journée, faites encore la queue dans les bouchons pour rentrer à la maison, et vous répétez ce scénario tous les jours depuis des années ? Pour avoir 5 semaines de vacances (en France) ou 2 semaines aux États-Unis, au Canada et au Japon ? Pour avoir une hypothétique et maigre retraite à plus de 60 ans ? Pas du tout !

La majorité des gens se lèvent tous les jours pour aller travailler afin de gagner de l'argent qu'ils s'empressent de dépenser. En effet, ils vivent de payes en payes tout au long de leur existence. Tel est le sort des pauvres et de la classe moyenne. Ils travaillent pour l'argent et sont donc prisonniers de la *Rat Race*. Inversement, les individus qui s'enrichissent n'agissent pas du tout comme cela : ils font travailler l'argent pour eux et non l'inverse ! Par conséquent, **ceux qui se plaignent de leur situation (les pauvres et la classe moyenne) sont des personnes qui n'ont aucune éducation financière.** Ils ne comprennent pas comment fonctionne l'argent. Ils sont aussi handicapés dans le domaine de l'économie que des analphabètes face à un livre. Les études montrent que les Français sont les plus mauvais élèves de l'Europe en matière de culture financière[6]. C'est triste mais c'est ainsi. La majorité de la

---

[6] Capital, « Culture financière : les Français mauvais élèves en Europe », 5 juin 2019, 2 p. ; Frédéric Cazenave, « La mauvaise culture économique des Français participe à leur vulnérabilité financière », 3 juin 2015, 2 p. ;

population est vulnérable sur le plan financier. Mais rien n'est irréversible !

Cependant, avant de songer à vous enrichir, il faut que vous laissiez tomber toutes les idées reçues relatives à l'argent. En effet, **dès que l'on parle de sous, la majorité des individus ont une réaction émotive**. Soit ils adorent, soit ils détestent ce sujet ! Soyons clair : l'argent n'a aucun pouvoir magique. Ainsi, il ne vous fera pas marcher sur l'eau, il ne vous rendra pas éternel ou encore il ne vous fera lire dans les pensées des gens. Vous ne résoudrez pas non plus vos problèmes de couple ou vos relations difficiles avec vos enfants avec plus de sous.

Alors, qu'est-ce que l'argent ? **L'argent est tout simplement un moyen de vous donner le choix**. En effet plus vous avez de sous et plus vous avez la possibilité de choisir ce que vous voulez ou non. Par conséquent, **l'argent est un démultiplicateur de votre personnalit**é. Par exemple, quand on donne plus d'argent à un drogué ou à un alcoolique, il ne l'utilise pas pour se désintoxiquer mais au contraire pour accroître ses addictions jusqu'à en mourrir[7]. Ainsi, si vous avez des problèmes dans votre vie, ne croyez pas que l'argent va les régler comme par magie. Par conséquent, vous l'aurez compris,

---

Christine Ducros, « Les Français mauvais élèves en économie », Le Figaro, 8 novembre 2010, 2 p.
[7] Morgane Chanut, « Drogue : ces stars que l'addiction a emportées », Au féminin, 5 février 2014, 2 p.

les personnes qui deviennent riches et qui le restent durablement sont des gens qui sont maîtres d'eux-mêmes. Avec l'argent, vous avez le choix entre 3 solutions :

- **la voie de la pauvreté** : c'est celle qu'emprunte 75% des individus. Vous ne faites pas travailler l'argent pour vous (pas d'épargne ou épargne sur des comptes dont le capital est garanti du type « Livret A » ou assurance-vie en « fond euros »…). Donc vous passerez votre vie à travailler pour l'argent. Vous ne vous enrichirez jamais avec cette méthode ;

- **la voie de l'investissement** : c'est celle que choisit 20% de la population. Vous faites travailler l'argent pour vous en épargnant et en investissant dans des actifs, c'est-à-dire des moyens de vous rapporter des sous de manière passive. Par exemple, l'immobilier locatif ou les actions à dividendes. L'investissement est une méthode qui permet de s'enrichir mais elle prend du temps à produire des résultats (> 15 ans) ;

- **la voie de l'entrepreneuriat** : c'est celle que choisit seulement 5% des gens. Vous construisez un *business* qui répond à un besoin des consommateurs et ces derniers vous paient pour cela. Par exemple, vous lancez une entreprise qui propose des brosses à dent par abonnement aux clients. L'entrepreneuriat est la méthode qui permet de s'enrichir rapidement. Plus votre produit (bien ou service) répondra à un besoin des consommateurs et plus vite votre affaire vous rendra riche[8].

Dans le présent livre, nous allons parler exclusivement de la voie de l'investissement. Elle est lente pour vous enrichir mais elle est également plus simple à mettre en œuvre par de nombreuses personnes. Si le sujet de l'entrepreneuriat vous intéresse, n'hésitez pas à consulter mon ouvrage qui y est entièrement consacré :

* *Osez entreprendre !*, Amazon, 2020, 165 p.

La vie réelle des millionnaires

Contrairement à ce que vous pourriez penser, **la langue de l'argent est l'anglais et non pas le français.** En effet, il existe un véritable tabou chez les francophones concernant les sous. C'est la raison pour laquelle, on trouve plus facilement des recherches scientifiques sur les riches en Amérique du Nord

---

[8] Pierre-Henri de Menthon, « Classement : ces Français qui ont fait fortune à 30 ans avec leur start-up », Challenges, 14 décembre 2013, 2 p.

plutôt qu'en France. Je vais donc vous parler des études menées aux États-Unis et au Canada sur les personnes qui se sont enrichis sans être des héritiers. Vous pouvez transposer sans problème les conclusions de ces analyses à la France.

Aux États-Unis, une étude, synthétisée dans le livre *The Millionaire next door*[9], a été menée sur des nombreux millionnaires américains afin d'analyser leur mode de vie. Toutes les personnes étudiées sont des *self-made men*, c'est-à-dire des gens qui ont construit leur fortune (ce ne sont pas des héritiers). Voici, ci-dessous, les points-clés de cette étude :

- **les millionnaires investissent continuellement en bourse** au moins 20% de leurs revenus ;
- **ils vivent frugalement** : ils roulent avec des voitures bon marché ou même d'occasion, et les gardent très longtemps... Ils savent ce qu'ils dépensent en alimentation, en gaz et électricité, en assurances, et dans tous les autres postes de dépense. Ils cherchent de façon continue à réduire leurs coûts, notamment en faisant jouer la concurrence, sans pour autant diminuer leur confort. Leur conjoint partage entièrement leur philosophie de vie ;

---

[9] Thomas J. D. Stanley, *The millionaire next door : les surprenants secrets des riches américains*, Frégate éditions, 2019, 278 p.

- **Ils n'ont pas de dette** : ils paient *cash* leurs achats sans emprunt.

- **Ils sont propriétaires de leur logement principal** et vivent dans des quartiers de la classe moyenne. Leurs voisins ignorent qu'ils sont millionnaires ;

- **Ils sont indépendants** et ont leur propre entreprise ou, lorsqu'ils sont salariés, ont des revenus complémentaires grâce une 2e activité (petit *business*...). Leurs entreprises n'attirent en général pas l'attention ni d'envie particulière (gestion des ordures ménagères...).

- **Les seuls postes où ils dépensent généreusement sont leur santé, l'éducation de leurs enfants et le développement de leur patrimoine.** Les millionnaires passent deux fois plus de temps que la moyenne des gens à gérer leurs finances personnelles.

Comme vous pouvez le constater, cette étude met clairement en lumière le fait que la plupart des millionnaires n'ont pas une vie de *jet-setter* ! On est très loin du cliché du millionnaire entouré de jolies filles sur un *yacht*, des gigantesques fêtes tous les jours ou encore du riche qui prend son bain dans une piscine remplie d'or !

Le livre démontre surtout qu'**il y a une corrélation inverse entre dépenser et épargner.** La planification et le contrôle des dépenses sont des facteurs clés pour atteindre la prospérité. Par conséquent, ce qui sépare ceux qui sont riches de ceux qui sont pauvres, ce n'est pas seulement l'intelligence, le travail, l'éducation, les compétences ou encore les opportunités. C'est surtout leur attitude vis-à-vis de l'argent et leur système de valeurs. **Les gens qui deviennent riches et qui le restent ont un comportement qui se rapproche plus de la fourmi que de la cigale.** Ainsi, 80% des millionnaires américains le sont devenus en une génération, à force de travail, de sacrifice et de discipline. Ils ne cherchent pas à posséder les biens matériels les plus chers ou les signes extérieurs de richesse (maison, voiture, vêtements, accessoires de mode..). Ils cherchent avant tout à être indépendant financièrement.

Au Canada, une étude, synthétisée dans l'ouvrage *Les millionnaires ne sont pas ceux que vous croyez*, a étudié le mode de vie des millionnaires canadiens[10]. Sans surprise, les conclusions de cette recherche sont identiques à celles effectuées sur les millionnaires américains.

---

[10] Berube Nicolas, *Les millionnaires ne sont pas ceux que vous croyez*, La Presse, 2019, 254 p.

La majorité des millionnaires mènent une vie de fourmi et non pas de cigale

Contrairement à ce que nous montrent les films ou les médias, la majorité des millionnaires ne mènent pas une existence faite de de clinquant et de paillettes ! Ils agissent en fourmis et non pas en cigales, pour reprendre la fameuse fable de Jean de Lafontaine[11]. Les deux études menées dans deux pays différents le prouvent. C'est un fait, une réalité, pas un « on dit ».

Et la France dans tout cela ? Contrairement aux idées reçues, notre pays regorge de riches ! Par exemple, en 2020, le nombre de millionnaires a progressé plus vite en France que dans le reste du monde[12]. Ainsi, il y a 2,1 millions de Français dont le patrimoine dépasse le million sur une population totale de 67 millions d'habitants[13]. Je suis sûr que vous ne vous doutiez pas qu'il y avait autant de personnes aisées dans notre pays car vous n'entendez jamais parler d'eux. C'est une leçon

---

[11] Jean de la Fontaine, « La cigale et la fourmi », Poetica.fr.
[12] Lorraine Fournier, « Le nombre de millionnaires progresse encore plus vite en France que dans le monde », Capital, 9 juillet 2020, 1 p.
[13] La Nouvelle République, « Combien la France compte-t-elle de millionnaires ? », 3 juillet 2019, 2 p.

de vie à comprendre : **la plupart des riches (millionnaires et milliardaires) vivent comme monsieur tout-le-monde**[14].

Cette conclusion doit provoquer un véritable choc chez plusieurs d'entre vous. Certains vont peut-être même déchanter. Si c'est le cas, restons bons amis mais arrêtez votre lecture ici. Vous vous êtes trompé d'ouvrage. Dans le présent livre, vous ne trouverez rien de « sexy » pour vous.

La véritable richesse est le temps

L'argent est une ressource illimitée. En effet, nous pouvons en fabriquer autant que nous le voulons. Ainsi, il suffit d'imprimer des billets à volonté comme l'ont fait, par exemple, les banques centrales du monde entier lors de la crise de la COVID 19[15]. On peut donc créer de la monnaie de jour comme de nuit et ce 365 jours par an. Beaucoup trop de gens font l'erreur tragique de croire que leur but est de mourir avec la plus grande fortune possible. Je suis sûr que vous connaissez tous quelqu'un qui est mort en étant « le plus riche du cimetière ». C'est réellement un comportement pathétique ! Un meilleur objectif est de mourir avec la plus haute valeur possible de votre

---

[14] BFM Business, « Immensément riches, ils vivent comme monsieur tout-le-monde », 12 février 2016, 1 p.

[15] Marc Touati, « BCE, FED…'Les banques centrales sont prises à leur propre piège', Capital, 13 mars 2020, 2 p.

bilan de vie, c'est-à-dire avoir profité de chaque seconde sur Terre.

Notre temps est notre ressource la plus précieuse car il est limité. En effet, chaque être humain n'a que 24h00 par jour pour agir. De plus, notre espérance de vie est limitée et inconnue ! La rareté de notre existence rend automatiquement notre « capital temps » plus précieux que notre « capital financier ». Le problème est que la majorité des gens n'en ont pas conscience. Ils agissent comme s'ils étaient immortels. **Chaque minute qui s'écoule est une minute de vie perdue.** Elle ne reviendra plus. Alors autant que chaque instant qui passe soit le plus efficace possible. **Le plus grand luxe auquel vous pourrez accéder dans votre vie est** *le contrôle de votre temps*. Cela signifie que vous pouvez faire ce que vous voulez, quand vous le voulez, et comment vous le voulez, tout en gagnant assez pour vous permettre le mode de vie que vous désirez.

En prenant conscience, ici et maintenant, que chaque seconde entre l'instant présent et votre dernier souffle de vie est un moment sur lequel vous ne pourrez jamais revenir, vous n'allez plus perdre ce temps précieux de votre vie pour des gens, des emplois, ou des situations qui ne comptent pas, ou n'ajoutent rien à votre bonheur personnel. **Ne soyez pas la réussite d'un autre.** Ne laissez jamais les autres décider pour vous (famille…). **Les riches connaissent la valeur du temps.**

C'est pourquoi, ils utilisent leur richesse pour en perdre le moins possible.

L'argent a une limite naturelle pour générer du plaisir avec l'utilitaire, mais une capacité pratiquement illimitée pour le plaisir des grandes expériences. Étude après étude, il a été démontré que l'argent dépensé en expériences génère un bonheur de vie durable, alors que l'argent dépensé en biens matériels génère un bonheur éphémère[16]. Par conséquent, vous ne perdez jamais votre temps lorsque vous faites des expériences, alors qu'au contraire, vous le gâchez en achetant des biens matériels.

La puissance de votre esprit

Les études ont démontré que **l'esprit joue un rôle déterminant sur le corps humain**[17]. En effet, nous n'agissons que parce que nous le désirons. Par exemple, vous avez sans doute entendu parler de malades qui se battent pour guérir et qui y arrivent, alors que ceux qui abandonnent la vie décèdent

---

[16] Business Insider, « Pourquoi les millennials font bien de dépenser leur argent dans des expériences plutôt que dans des choses matérielles selon une experte de la finance », 2 avril 2019, 2 p.

[17] RTBF, « L'importance des liens entre le corps et l'esprit », 17 février 2019, 2 p.

rapidement[18]. De même, nous savons tous que les grands champions sportifs arrivent à dominer leur corps grâce à un mental très fort qu'ils se sont forgés et qui leur permet d'accomplir des exploits[19]. De même, les grands entrepreneurs sont ceux qui, comme Steve Jobs (fondateur d'APPLE), se nourrissent de leurs échecs pour en tirer la force et la motivation de réussir[20].

La volonté de réussir n'est pas innée : elle s'apprend en s'entraînant encore et encore face aux échecs. Le fait de répéter de nombreuses fois la même chose fait que cet évènement rentre progressivement dans votre inconscient. Votre esprit va progressivement changer et s'adapter de manière tout à fait naturelle. Cette technique est fortement liée au contrôle que l'inconscient a sur nous. Pourquoi est-ce que je vous parle de ce sujet ? Tout simplement parce que pour vous enrichir, vous avez besoin de vous construire un « esprit riche ».

Soyez optimiste quant à votre avenir. Pourquoi ? Parce que les études montrent que les pessimistes, c'est-à-dire ceux qui voient la vie en négatif, réussissent beaucoup moins bien

---

[18] Estelle Saget, « Comment l'esprit soigne le corps », L'Express, 27 septembre 2014, 2 p.
[19] Chloé Dussapt, « 10 conseils de champions pour avoir un mental d'acier au travail », Challenges, 20 janvier 2014, 2 p.
[20] Walter Isaacson, *Steve Jobs: The Exclusive Biography*, Abacus, 2015, 592 p.

que les optimistes[21]. Lorsque vous avez un état d'esprit positif, votre esprit est capable de saisir toutes les opportunités qu'il rencontre. Il faut donc vous concentrer sur vos réussites plutôt que sur vos échecs. C'est-à-dire que **vous devez avoir une mentalité de conquérant et non pas de victime**. Ce n'est pas facile car, dans notre société, le culte de la victimisation est devenu dominant ce qui incite la majorité des gens à se plaindre de leur situation et surtout à attendre sans rien faire que quelqu'un vienne les prendre en charge[22].

Or, vous devez prendre conscience, ici et maintenant, que **personne ne viendra vous rendre riche à votre place**. En effet, il existe des livres tels que les miens, des vidéos ou encore des formations qui sont là pour vous aider à atteindre la prospérité. Cependant, ce ne sont que des outils qui nécessitent que vous les utilisiez pour avoir des résultats. Ainsi, **si vous ne faites rien pour améliorer votre situation, vous n'obtiendrez rien**. Comme je vous l'ai expliqué en introduction, je ne suis pas vous. Je ne peux donc pas faire votre part du travail. Tout ce que je peux dire, c'est qu'il est impératif de commencer par vous forger un esprit riche avant de chercher à vous enrichir. Vous

---

[21] Jobroom, « Le succès : une affaire d'optimisme ! », 8 juin 2015, 2 p. ; Marc Alphone Forget, « Si nous décidons d'y croire... la puissance de l'optimisme ! », JDN, 16 juin 2014, 2 p.
[22] Fanny Bauer-Motti, « Stop au processus d'auto-victimisation », JDN, 23 juin 2014, 2 p.

devez comprendre que **l'enrichissement a de multiples facettes (matérielles, intellectuelles, spirituelles...)**. Quelqu'un qui a un esprit de riche trouvera toujours les moyens de mener une vie riche.

Pourquoi j'insiste sur ce point ? Tout simplement parce que la plupart des gens qui reçoivent une fortune sans s'y être d'abord préparés finissent par la dilapider en peu de temps. C'est, par exemple, le cas de beaucoup de gagnants au loto[23]. Ce sont souvent des gens qui ont un esprit de pauvre qui se retrouvent millionnaires. Or, l'argent n'est qu'un moyen au service de qui vous êtes. Vous êtes pauvre dans la tête ? Alors vous mènerez également une vie de pauvre même si vous avez de la richesse et cela finira mal pour vous. Par conséquent, prenez du temps pour réfléchir sur qui vous êtes et vos besoins fondamentaux (santé, relations sociales...). **Ce que vous possédez ne définit pas qui vous êtes réellement !** Vous devez comprendre que l'enrichissement ne concerne pas le règlement des problèmes financiers. Il s'agit avant tout de régler vos problèmes de vie.

Si vous avez déjà un job, ne faites pas l'erreur de le quitter, du moins pas tout de suite. Votre job vous offre un revenu fixe, ce qui vous permet de planifier vos finances, de

---

[23] Clémentine Rebillat, « Il avait remporté 19 millions de dollars : ruiné, le gagnant d'une loterie devient braqueur », Parismatch, 1er octobre 2018, 2 p.

payer vos frais récurrents et d'investir. Le montant de vos revenus n'est pas essentiel avec la méthode proposée dans le présent ouvrage. Ce qui est déterminant, c'est votre taux d'épargne. Plus vous pourrez épargner et plus vous pourrez investir, ce qui accélérera considérablement le temps que vous mettrez pour atteindre un million de capital.

Ne vous prenez pas trop au sérieux

Que se passerait-il si, demain, un astéroïde frappait la Terre et faisait disparaître la moitié de l'humanité ? Est-ce que franchement vous vous soucieriez du diplôme scolaire que vous avez obtenu ou du plus gros contrat que vous avez décroché de toute votre carrière ? Bien sûr que non ! Ce qui compte, c'est la perte d'un être cher.

Pourquoi est-ce que je vous parle de cela ? Tout simplement parce que **l'enrichissement est un chemin de vie, c'est-à-dire un processus, et non pas une fin en soi**. Alors prenez soin de vous et de vos proches. Ne négligez pas le fait de prendre des pauses (congés…). Ayez confiance en la méthode exposée par le présent livre. Ne soyez pas obnubilé par l'argent. Ne jalousez pas votre voisin ou le boucher du coin qui semblent brasser énormément de sous avec des signes extérieurs de richesse. Détendez-vous et profitez de votre vie sans envier les autres. **Ne blâmez pas autrui pour ce qui ne va pas dans votre vie, mais cherchez vous-même une solution à vos problèmes.** Nul besoin d'être en colère. Juste d'être pragmatique.

Apprenez l'histoire, notamment en lisant des biographies, car l'histoire se répète sans cesse, et elle nous apprend que la plupart des gens n'apprennent rien d'elle ! Les études montrent que les riches lisent énormément mais pas n'importe quoi[24]. Privilégiez les trois thématiques suivantes :

- **les ouvrages sur l'économie** : les finances personnelles, le développement du patrimoine, le *management*, l'entrepreneuriat… ;
- **les ouvrages sur le développement personnel** : la santé, la méditation, l'alimentation, l'art d'entretenir de bonnes relations avec les gens… ;
- **les ouvrages sur votre passion** : avoir une passion est indispensable à votre équilibre personnel. Alors choisissez-en une et explorez toute la littérature sur ce sujet.

---

[24] Dessy Damianova, « Ces milliardaires qui lisent des livres », Le Monde Diplomatique, 11 février 2020, 2 p.

Lisez au minimum 30 minutes par jour. En une année, vous devez avoir lu au moins 12 livres (soit l'équivalent d'un par mois).

Pourquoi pouvez-vous échouer à devenir millionnaire ?

Avant d'emprunter la voie pour devenir millionnaire, vous devez prendre conscience qu'il existe une série d'écueils qui font échouer de nombreuses personnes. C'est d'ailleurs la raison pour laquelle il y si peu de millionnaires. Voici les principales difficultés que vous allez rencontrer :

- **ne pas croire en votre propre valeur** : en tant qu'être humain, vous valez autant qu'un autre. Vous n'êtes peut-être ni le plus fort, ni le plus intelligent, ni le plus beau mais vous restez tout de même quelqu'un qui, à son niveau, peut changer le monde. Si vous ne croyez pas fondamentalement en votre propre valeur, comment pouvez-vous espérer des autres qu'ils aient foi en vous ou en vos idées? Par conséquent, ne laissez pas le jugement des autres définir qui vous êtes. Ayez un amour inconditionnel pour vous-même, comme celui d'une mère pour son enfant. Tout le monde est rejeté dans la vie ;

- **la mésentente avec votre conjoint** : contrairement à une idée reçue, s'enrichir n'est pas une aventure en solo. En effet, vous allez devoir faire des choix de vie qui auront nécessairement des conséquences sur votre conjoint (réduction des dépenses…). Si celui-ci n'est pas d'accord avec votre projet, vous ira droit au *clash* et à l'échec de l'enrichissement. Par conséquent, mettez-vous d'accord avec votre conjoint avant de chercher à vouloir vous enrichir ;

- **la contestation perpétuelle de l'ordre établi** : quand nous naissons, nous intégrons une société qui existe depuis beaucoup plus longtemps que nous. Cela signifie qu'il existe de nombreuses règles établies par d'autres et que nous devons respecter. Alors oui, vous avez le droit de penser que « le système est injuste » mais vous avez le devoir d'apprendre à l'utiliser pour en tirer le meilleur parti. Si vous vous contentez de contester l'ordre établi, vous ne vous enrichirez jamais. Soyez cohérent avec vous-même. Ainsi, on ne peut pas être anticapitaliste et millionnaire ! Alors acceptez les règles du jeu mais jouez mieux que les autres ;

- **pas de résultat immédiat** : hormis grâce à la chance (avec un héritage ou en gagnant à un jeu d'argent) on ne devient pas millionnaire instantanément. Cela va vous prendre de nombreuses années (20 ans en moyenne pour la plupart des gens). Le simple fait que l'on ne puisse pas constater d'effet immédiat va faire abandonner de nombreuses personnes...exactement comme lorsque l'on fait un régime ! Les régimes fonctionnent mais beaucoup de personnes abandonnent avant d'obtenir le but recherché. Seule la persévérance permet d'obtenir des résultats ;

- **le manque de motivation** : tout le monde veut s'enrichir mais bien peu veulent faire les efforts nécessaires pour y parvenir. Pourtant, dans la vie, il y a toujours un prix à payer pour obtenir ce que l'on veut. Par exemple, pour être musclé, il faut faire de la musculation toutes les semaines. Pour être riche, il faut épargner et investir en bourse tous les mois ;

- **la panique** : les marchés financiers ne sont pas un long fleuve tranquille. Les cours des titres montent et descendent chaque jour. Il y a de la spéculation, des crises économiques et des *crashs* boursiers (baisse des cours des titres). Tout cela est vrai. La panique finit souvent par gagner de nombreux particuliers qui placent leur argent en bourse. Ils vendent alors à tour de bras pour tenter de récupérer une partie de leur capital. Pourtant, la bourse offre d'excellentes performances financières…quand on sait comment l'utiliser ! C'est ce que nous verrons plus loin. Les émotions n'ont aucune place chez un investisseur ;

- **la perte de vue de l'objectif initial** : plus les années vont s'écouler et moins votre objectif initial sera clair. Votre esprit sera détourné par d'autres problèmes plus immédiats (divorce, maladie, licenciement…). Le risque est de perdre de vue votre objectif et de ne plus être constant dans votre effort d'épargne et d'investissement. Écrivez votre objectif de vie et relisez-le chaque matin en vous levant.

Pour garder le cap sur votre objectif, souvenez-vous d'une chose : nous avons tous des choix dans la vie. Et notre vie est le résultat de ces choix. Telle est la voie du millionnaire.

ÉTAPE 2 : CHOISISSEZ VOTRE ENVIRONNEMENT

On dit souvent *« la vie est difficile »*. C'est malheureusement parfois vrai. Mais rarement. Ce qui la rend véritablement dure, ce sont les gens difficiles. En effet, **nous sommes tous influencés par notre environnement**, c'est-à-dire les individus que nous fréquentons (conjoint, famille, amis...). Par exemple, si vous avez des enfants, vous savez qu'ils veulent toujours tout et tout de suite. Ils sont à la fois gentils, implacables, et manipulateurs-nés : une combinaison très efficace pour vous faire dépenser plus tous les mois que vous ne le voudriez !

Une étude psychologique a démontré que **nos choix de vie sont influencés par les 5 personnes que nous côtoyons le plus**[25]. En effet, votre environnement conditionne vos buts et vos décisions. Par exemple, si vous êtes proche de votre famille et que celle-ci a peur de la bourse, vous serez instinctivement craintif vis-à-vis de l'idée de placer votre argent dans les marchés financiers.

Les plus grands succès se construisent en silence. C'est malheureux mais c'est la réalité. En effet, si vous parlez

---

[25] Medium.com, « Regardez autour de vous : vous êtes la moyenne des 5 personnes les plus proches de vous », 5 février 2017, 2 p. ; Hasina Christen, « La moyenne des 5 personnes », 1er septembre 2016, 2 p.

de votre projet à votre entourage, les gens risquent de vous dissuader de vous lancer. Par conséquent, vous devez vous lancer sans en parler pour éviter que l'on vous fasse douter de vos capacités. Les gens changeront vite d'avis autour de vous si vous réussissez et cela sera bien plus facile de les convaincre une fois que les résultats seront là.

Pour vous donner un maximum de chances de réussir, vous devrez vous créer un environnement favorable à ce projet. Avec l'entourage adéquat, la probabilité d'atteindre la prospérité sera décuplée. Cela signifie que si vous souhaitez réussir, il faut s'entourer de gens positifs et qui ont les mêmes désirs que vous. Vous pourrez parler avec eux de vos idées.

Le choix du conjoint est important

On ne choisit pas sa famille mais on choisit son conjoint. La personne qui aura le plus d'influence dans votre vie est votre conjoint. Il ou elle peut agir comme un très fort courant, vous aider à atteindre votre objectif d'enrichissement ou au contraire vous en éloigner définitivement. Par conséquent, vous devez tous les deux partager les mêmes idées sur ce projet.

Vos amis sont déterminants

Sélectionnez avec soin les gens avec qui vous désirez entretenir des liens d'amitié. Les individus positifs et entreprenants vous aideront à aller de l'avant. Les personnes négatives vous tireront vers le bas et vous empêcheront de progresser vers l'indépendance financière. L'influence de vos amitiés est extrême : vous finirez par devenir en grande partie comme les personnes avec qui vous passerez votre temps. Cela s'explique tout simplement par la pression sociale de « faire partie du groupe » qui exerce sans relâche son action. Des études ont démontré que **votre groupe d'amis deviendra votre groupe de référence**. C'est la raison pour laquelle, les gens riches s'entourent des meilleurs[26]. La vie est trop courte que pour perdre ne fût-ce qu'une seconde avec des imbéciles. Par conséquent, **choisissez des relations qui vous aident à vous élever plutôt que de vous abaisser, et qui vous font découvrir des choses auxquelles vous n'aviez pas pensé.**

---

[26] Amanda Castillo, « L'art de réussir consiste à savoir s'entourer des meilleurs », Le Temps, 15 décembre 2015, 2 p.

Préférez inviter les gens chez vous plutôt que de faire des sorties

Entretenir des relations avec les autres est indispensable à votre équilibre psychologique. Si vous restez seul, vous allez au-devant de graves problèmes !

Cependant, prenez conscience que **sortir coûte énormément d'argent.** En effet, vous avez à faire face à de très nombreuses dépenses. Par exemple, il y a le restaurant, les boissons, les déplacements, le parking, les pourboires... Vous pouvez tout à fait entretenir des relations de qualité avec les autres pour beaucoup moins cher qu'en sortant. Comment y parvenir ? Tout simplement en invitant les gens chez vous ! Et vous faites un geste réel d'ouverture et d'amitié : ouvrir son logement, c'est aussi ouvrir son cœur !

Consacrez-vous du temps

Un adulte a besoin, en moyenne, de 08h00 par jour de sommeil[27]. Cela signifie que vous disposez ensuite de 16h00 chaque journée pour faire tout ce que vous voulez. Cependant, toutes ces heures ne se valent pas, loin de là ! Contrairement à

---

[27] Alexandra Hansen, Lionel Cavicchioli, « À-t-on vraiment besoin de dormir huit heures par nuit? », Slate 1er mars 2019, 2 p.

ce que la plupart des gens pensent, ce n'est pas de neuf heure à cinq heure (du soir) que l'on est le plus productif mais de cinq heure à neuf heure (du matin)[28] ! Pourquoi ? Tout simplement parce que c'est dans ce créneau horaire que votre cerveau est le plus efficace. Comme vous pouvez le constater, cela ne fait pas beaucoup d'heures dans la journée (seulement 04h00) !

Je suppose que, comme la majorité des gens, vous êtes un employé. Vous avez sûrement des horaires de travail imposés par votre employeur. Vous allez donc me dire : « comment profiter du meilleur moment de ma journée alors que c'est là où je commence à travailler pour quelqu'un d'autre ? ». La réponse est simple : levez-vous plus tôt ! Par exemple, si vous commencez le travail à 08h00, couchez-vous à 21h30 et levez-vous à 05h30 tous les jours (la régularité de cet horaire vous permettra d'obtenir un meilleur sommeil[29]). Entre 05h30 et 06h30, **consacrez votre première heure au plus important projet personnel de votre journée.** Par exemple, vous pouvez vous former dans un nouveau domaine, apprendre une langue... Ne vous négligez pas. Votre vie est importante : **vous méritez de bénéficier tous les jours d'au moins une heure de haute**

---

[28] Le Soir, « Se lever tôt pour être plus productif », 4 août 2020, 1 p.
[29] France Bleu, « Pour bien dormir, levez-vous et couchez-vous...toujours à la même heure ! », 21 mars 2019, 4 minutes.

productivité à votre profit ! Personne d'autre que vous ne pourra vous fournir cette heure si spéciale. Alors agissez ! Ensuite, démarrez votre journée classique (petit-déjeuner, hygiène, levé des enfants…). En mettant en pratique cette astuce, qui ne vous coûtera rien, vous allez générer automatiquement un effet cumulé qui produira de gigantesques résultats. Imaginez si vous vous mettez à apprendre une nouvelle langue : au bout d'un an, vous y aurez consacré 365 heures à raison d'une heure par jour, c'est-à-dire que vous serez capable de parler couramment un nouvel idiome !

Développez votre éducation financière

J'ai une maxime personnelle pour vous : « on ne naît pas financièrement intelligent, on le devient ». Qu'est-ce que cela signifie ? Je veux tout simplement dire que vous devez améliorer vos connaissances en économie. C'est indispensable pour que vous puissiez mieux comprendre les règles du jeu de l'existence que vous menez au sein du système capitaliste.

Comment vous instruire ? Vous pouvez lire mes ouvrages qui traitent de différents aspects des finances personnelles, regarder des vidéos, suivre des formations… **Plus vous en saurez sur l'argent et plus vous comprendrez**

comment fonctionne l'enrichissement. Telle est la voie du millionnaire.

ÉTAPE 3 : FAITES LE MÉNAGE DANS VOS FINANCES PERSONNELLES

« Peine + Réflexion = Progrès ».

Ray Dalio (fondateur d'un fond d'investissement).

Beaucoup de gens peuvent devenir millionnaire et pourtant bien peu y parviennent. Pourquoi ? Nos amis Anglo-saxons l'expliquent par le « *latte factor*[30] ». De quoi s'agit-il ? C'est très simple. Pour vous enrichir, le problème n'est pas combien vous gagnez mais combien vous dépensez. Si comme beaucoup de personnes vous achetez tous les jours ou presque votre café à emporter, sachez que cela a forcément un impact conséquent sur votre budget, même si vous ne le payez que quelques euros sur le moment. Par exemple, si vous dépensez tous les jours 1€ pour un café à la machine au travail, vous vous appauvrissez de 30€ par mois. Cela peut vous sembler une faible somme. Sauf qu'au fil des années, avec les intérêts composés, ce sont des milliers d'euros que vous allez perdre ! C'est autant d'argent qui ne travaille pas durement pour vous permettre d'atteindre la liberté financière plus tôt.

---

[30] David Bach, *The Latte Factor: Why You don't Have to Be Rich to Live Rich*, Astria Books, 2019, 160 p.

Le *latte factor* met en évidence le fait que vos micro-dépenses affectent votre capacité à épargner et donc à vous enrichir sur le long terme. Reprenons notre exemple du café. Au lieu de l'acheter tous les jours à emporter, l'alternative est simple : préparez votre café à la maison ! Et vous pouvez même profiter d'un café bien meilleur et bien moins cher. Cet exemple est une illustration de ce que fait un esprit riche. **L'enrichissement n'est possible que si vous dépensez moins que ce que vous gagnez.** Par conséquent, vous devez apprendre à épargner. Comprenez littéralement : **mettre de l'argent de côté avant de réaliser toutes les autres dépenses.** Vous adapterez quasi automatiquement votre consommation à ce qui reste sur votre compte après votre épargne.

Prenons un exemple pour que vous compreniez bien. Si vous gagnez 50 000€ par an de revenus et que vous n'en dépensez que 40 000€, votre patrimoine grandit de 10 000€ (= épargne). Vous êtes sur la voie de l'enrichissement. Inversement, si vous gagnez un million d'euros par an, mais en consommez 1 200 000, vous dépensez plus que vous ne gagnez. Vous vous appauvrissez. Par conséquent, et c'est une leçon importante à retenir, **les riches sont ceux qui vivent en dessous de leurs moyens financiers.** Les pauvres sont ceux qui vivent au-dessus de leurs moyens. Beaucoup de gens sont pauvres, non pas parce qu'ils gagnent trop peu, mais parce qu'ils se créent des besoins artificiels. C'est ainsi que certains ont des hauts revenus mais restent tout de même pauvres.

Maîtrisez vos dépenses

La première étape pour réellement gagner de l'argent est de savoir combien en rentre et en sort chaque mois. En effet, **même si vous investissez comme Warren Buffett (le meilleur investisseur en bourse de tous les temps), si vous ne savez pas épargner, vous mourrez pauvre.** Nous vivons dans une société où **la consommation est excessive rapport à nos besoins individuels.**

Nous achetons tout et n'importe quoi : un bouquet de chaines supplémentaires à la télévision, un gadget à la mode[31]... Beaucoup de gens vivent à crédit pour financer leur train de vie. L'existence sans tous ces petits plaisirs peut vous sembler triste, mais ce n'est rien, absolument rien, comparé au fait de vivre vieux et pauvre, ce qui adviendra sans faute si vous ne prenez pas le contrôle de votre argent.

Commencez déjà par **ne pas vous endetter**. En effet, vous ne pouvez pas penser à investir pour devenir riche si toutes vos dettes ne sont pas remboursées, même la plus insignifiante

---

[31] Courrier international, « L'hyperconsommation, c'est la mort », 19 novembre 2009, 2 p.

d'entre elles. Sachez que contracter un prêt immobilier pour votre résidence principale, ce n'est pas s'endetter mais faire un fantastique acte d'épargne car vous vous vous évitez ainsi des loyers qui enrichissent le propriétaire de votre logement locatif mais pas vous. Pour toutes les autres dettes, remboursez-les le plus tôt possible. Elles coûtent toujours plus que n'importe quel investissement peut rapporter. C'est de la simple arithmétique. Par conséquent, **pour vous enrichir, la question n'est pas de savoir combien vous gagnez mais combien vous dépensez** ! Tout l'argent que vous ne dépensez pas doit être épargné et investi. **Plus votre taux d'épargne est élevé et plus vite vous vous enrichirez.**

Comment dépenser moins ? Ce n'est pas compliqué du tout. Par contre, il vous faudra avoir la volonté d'agir. Prêt ? Alors, allons-y :

- **vivez près de votre travail** : beaucoup de gens achètent une résidence principale disproportionnée par rapport à leurs besoins réels. Comme l'immobilier est devenu très cher, en particulier en France, ils sont obligés de s'éloigner des villes pour obtenir un grand logement[32]. Curieusement, l'idée de vivre près de son lieu de travail semble complètement étrangère à la plupart des gens. Et

---

[32] Régis André, « Pourquoi l'immobilier est-il si cher en France ? », Contrepoints, 6 juillet 2016, 2 p.

pourtant, si vous habitez plus près de votre emploi, vous aurez certainement un logement plus petit mais vous n'aurez pas besoin d'un véhicule pour vous rendre à votre job. Vous pourrez y aller à pied ou en vélo. Ce sont de substantielles économies réalisées sur l'achat d'un véhicule, son entretien, son assurance ou encore son carburant (et vous entretenez également votre corps par de l'exercice physique quotidien). De plus, vous gagnerez à la fois du temps sur les trajets aller/retour tous les jours et n'aurez plus de stress à cause du mauvais comportement de certains conducteurs sur la route. Votre qualité de vie et votre état de santé s'améliorera considérablement ! Mais ce n'est pas ce que font la plupart des gens : ils placent le critère « distance » loin derrière le prix du logement. Et ils prennent leur voiture. C'est pourquoi le temps de déplacement domicile-travail moyen ne cesse d'augmenter[33] ! ;

- **maîtriser les dépenses du logement** : faite la chasse aux « petites dépenses » qui, cumulées, vous coûteront une fortune à l'année comme les lumières qui restent

---

[33] Sdworx, « Près d'un travailleur français sur cinq consacre au moins 90 minutes par jour à ses déplacements domicile-lieu de travail », 20 septembre 2018, 1 p.

allumées sans personne dans les pièces, la température du chauffage à plus de 20°c dans le logement, l'eau du robinet qui continue de couler pendant que vous vous lavez les dents... Tous ces mauvais comportements constituent du gaspillage de ressources directement lié au consumérisme de notre société ! Il faut donc éduquer toutes les personnes qui vivent dans votre logement (conjoint, enfants...) de manière à ce qu'ils prennent l'habitude de consommer seulement au juste besoin ;

- **débarrassez-vous de votre véhicule** : un véhicule est un produit qui se dévalue à une vitesse phénoménale et qui engendre d'énormes dépenses[34]. Privilégiez la marche, le vélo ou les transports en commun pour vous déplacer. Si vous avez ponctuellement besoin d'aller loin (pour les vacances...), louez un véhicule. Les transports en commun, auxquels la plupart des gens ne pensent pas, sont une merveilleuse solution s'ils sont développés dans votre région parce qu'ils libèrent votre cerveau et vos mains pour mener à bien des projets pendant le trajet (lecture, écoute de podcasts...). Si vous avez impérieusement besoin d'un véhicule, louez-le uniquement pour la période qui vous est nécessaire. Cela

---

[34] Sébastien Templier, « La dépréciation : invisible, souvent ignorée, et très coûteuse », La Presse, 20 octobre 2011, 2 p.

vous coûtera infiniment moins cher que de le posséder. Utilisez par exemple les services du français FREE2MOVE (filiale du constructeur automobile PEUGEOT)[35]. Si vraiment vous vivez dans un lieu où il n'y a aucun transport en commun et que vous êtes trop loin de votre travail pour y aller en vélo, alors achetez un véhicule (de préférence d'occasion pour subir une décote moindre). Voici, ci-dessous, le genre d'engins que beaucoup de gens aimeraient posséder :

Véhicules de luxe MERCEDES (et les tarifs)[36]

---

[35] Free2move (www.free2move.com).
[36] Mercedes (https://www.mercedes-benz.fr/passengercars.html?group=all&subgroup=see-all&view=BODYTYPE).

Oui, le luxe fait rêver mais, comme son nom l'indique, il n'est réservé qu'à une infinité de personnes (sinon ce n'est plus du luxe !). Alors arrêtez de rêver et choisissez votre véhicule selon un critère de fiabilité et non pas de mode. Par exemple, la marque DACIA offre un excellent compromis prix/prestations[37].

NOUVELLE DACIA SPRING

100% électrique. Exclusivement réservée à tous.

89 €/mois ⓘ

Exemple de véhicule *low cost* chez DACIA[38]

---

[37] Dacia (www.dacia.fr).
[38] Dacia, « Nouvelle Dacia Spring », (https://www.dacia.fr/gamme-vehicules/precommandez-votre-spring-electric.html).

Soyez intelligent : ne choisissez pas un engin 4x4 si vous ne faites jamais de tout terrain ! Cela vous coûtera infiniment moins cher en entretien (pas de pneus tout terrain à acheter…). Prenez également conscience que l'électricité est l'avenir des véhicules… pas le moteur thermique !

- **arrêtez les abonnements** : le but des entreprises est de faire de vous un client captif. C'est la raison pour laquelle, elles vous poussent à vous abonner pour tout et n'importe quoi. Ainsi, aujourd'hui, on s'abonne pour avoir des vêtements, des chaussures, des véhicules, des magazines, des chaînes de télévision, des rasoirs, des brosses à dent, des outils… Au final, sur le long terme, cela vous revient plus cher que si vous achetiez ces produits en une seule fois. Qui s'enrichit dans l'opération ? Celui à qui vous payez l'abonnement bien sûr ! ;

- **cesser de gaspiller une fortune en faisant vos courses** : évitez les plats préparés et les restaurants. Entre se prendre la tête à savoir quoi cuisiner ou prendre un McDo sur le chemin du retour, le choix est souvent trop vite (et mal) fait. Le problème, c'est que sur le moment, cela ne revient qu'à dépenser une petite somme. Mais encore une fois, à la longue, c'est votre budget entier qui se fait grignoter. Et si votre argument est que manger dehors est un moyen d'écouler vos tickets restaurants, sachez qu'ils peuvent également être utilisés pour payer vos courses au supermarché. Établissez une liste de ce dont vous avez besoin et tenez-vous à celle-ci lorsque vous faites vos emplettes. Planifiez vos repas de la semaine. Pour éviter d'aller au restaurant, préparez le Dimanche vos plats pour la semaine et stockez-les dans des boîtes hermétiques. Si certains plats supportent mal d'être stockés plusieurs jours (c'est la cas des salades par exemple), préparez le Mercredi les repas pour les autres jours restants. Concernant les produits ménagers, saviez-vous que le vinaigre blanc peut remplacer à peu près n'importe quel produit de nettoyage ? Il coûte très peu cher et il est bien meilleur pour l'environnement… ainsi que pour votre santé ! Vous éviterez également de dépenser de l'argent dans plusieurs produits. Enfin, ne vous laissez pas tenter par « la bonne affaire » qui vous est proposée par un magasin quand vous faites vos courses[39]. Achetez uniquement ce que vous aviez prévu. Cette attitude vous permettra de tenir votre budget ;

- **mettez fin aux addictions** : un café chaque matin à la machine à café, le « demi » que vous consommez au bar, les paquets de cigarettes… Toutes ces « petites dépenses » du quotidien finissent par vous coûter une fortune à l'année sans que vous vous en rendiez compte[40] ;

- **ne cherchez pas à impressionner les autres par vos dépenses** : inutile d'acheter des vêtements/accessoires de marque, une grande maison et d'autres produits coûteux juste pour montrer à votre entourage que vous êtes dans le moule[41]. Tous ces biens ont un coût de possession (plus ils coûtent chers et sont nombreux, et plus il vous faut travailler durement pour les acquérir ce qui vous maintient dans la *rat race* plus longtemps) ;

- **arrêtez d'acheter tout et n'importe quoi** : la société consumériste nous pousse à toujours acheter plus alors que nous n'avons pas nécessairement besoin des produits

---

[39] France Info, « Conso : les pièges à éviter au supermarché », 16 mai 2018, 1 p.
[40] BFM Business, « Depuis l'an 2000, le prix du paquet de cigarettes a explosé », 4 juillet 2017, 1 p.
[41] Boursorama, « Bien s'habiller coûte cher ! », 27 février 2019, 2 p.

proposés. Ainsi, les opérations *marketing,* comme le *Black Friday* par exemple, sont uniquement faites pour nous faire dépenser notre argent. Je sais que vous allez me dire que le *Black Friday* ça n'a jamais pris chez nous (en France, Belgique, Suisse, Québec…). Détrompez-vous ! Ainsi, en 2020, le *Black Friday* a battu ses précédents records en France en pleine crise sanitaire mondiale du Coronavirus[42] ! La France génère à elle seule l'équivalent du tiers du *Black Friday* aux États-Unis, alors que les Français sont 5 fois moins nombreux que les Américains ! Et oui, le consumérisme à outrance est bien implanté partout dans le monde. Réfléchissez un instant : avez-vous réellement besoin de tout ce que vous achetez ? Bien sûr que non[43] ! ;

- **ne prenez pas les extensions de garantie** : tous les vendeurs vous proposent aujourd'hui d'augmenter la durée de la garantie d'un produit que vous achetez en souscrivant à un contrat complémentaire. Croyez-vous vraiment que vous en avez besoin si vous achetez un produit de qualité ? Celui-ci est censé durer, non ? La vérité est que les extensions de garantie ne sont pas

---

[42] L'Union, « Black Friday record en France pour Amazon », 7 décembre 2020, 1 p.
[43] Nicolas Santolaria, « L'ère est à la société de déconsommation », Le Monde, 15 septembre 2017, 1 p.

faites pour vous aider mais pour enrichir celui qui vous les vend[44] ;

- **utilisez systématiquement les promotions** : relevez le prix des produits les plus courants que vous utilisez (éponges, sopalin, mouchoirs en papier...) et comparez-les entre les magasins. Lorsqu'il y a une baisse de prix significative sur un article, achetez-le en masse. Vous le consommerez ensuite tout au long de l'année. Faites de même avec les produits frais (viande/poisson) : vous pouvez congeler un produit acheté en promotion et le consommer bien plus tard. Utilisez également le système du *cashback* pour vous faire rembourser une partie de vos achats[45] ;

- **achetez d'occasion** : il n'y a pas que les produits neufs dans la vie ! Dans notre monde ultra-consumériste, un bien devient obsolète au bout d'un an alors qu'il est parfaitement fonctionnel. Certaines enseignes se sont spécialisées dans le reconditionnement des produits et vous les proposent à des prix nettement moins chers que le neuf. Vous pouvez, par exemple, vous tourner vers la

---

[44] Le guide de l'auto, « La garantie prolongée, est-ce une bonne option ? », 13 décembre 2017, 2 p.
[45] Capital, « Comment augmenter son pouvoir d'achat grâce au cashback ? », 3 décembre 2020, 2 p.

société française BACK MARKET[46]. Vous aurez accès à de nombreux articles *high tech* ;

- **remplacez tous les produits payants par des produits gratuits dès que cela est possible** : aujourd'hui, l'innovation et la concurrence est telle que le consommateur a la possibilité d'avoir accès à de nombreux produits gratuitement. Par exemple, avec les banques sur internet, comme ING, vous avez droit à un compte bancaire et une carte de paiement gratuite[47]. Alors pourquoi continuez-vous à payer votre carte bancaire ? De même, les bibliothèques municipales ont des budgets pour acheter de nouveaux livres tous les ans. Vous pouvez les consulter gratuitement[48]. Expliquez-moi pourquoi vous n'allez pas d'abord à la bibliothèque pour voir si le livre qui vous intéresse n'y est pas, avant d'aller l'acheter en librairie ou sur un site internet ? Les seuls ouvrages que vous ne trouverez pas en bibliothèque sont ceux en autoédition (comme les miens par exemple). De nombreuses formations sont également

---

[46] Back Market (www.backmarket.fr).
[47] ING, « Votre carte Mastercard gratuite et personnalisable », (www.ING.fr).
[48] Mahaut Fauquet, « 7 bibliothèques parisiennes que tout le monde devrait connaître », 12 janvier 2018, Paris Secret, 2 p.

gratuites. Utilisez par exemple le site web MY MOOC[49]. Si vous ne voulez plus payer pour vos logiciels, passez à Linux et aux logiciels libres. Par exemple, UBUNTU ou MINT sont deux excellentes alternatives gratuites à Windows et MacOS qui offrent tous les outils nécessaires (bureautiques, surf internet, jeux…)[50] ;

- **pratiquez le recyclage systématique** : nous pouvons donner une seconde vie à pratiquement tous les produits au lieu de les jeter. Pour cela, vous devez développer votre créativité (réparez ce qui est cassé, trouvez un nouvel usage pour vos biens…). Le fait de recycler un produit vous évite d'avoir à dépenser de l'argent pour acheter un autre produit. Il y a de très nombreux tutoriels gratuits sur des plateformes vidéo telles que YOUTUBE[51] ;

- **apprenez à vos progénitures à vivre avec le minimum** : ne cédez pas à la tentation d'offrir à vos enfants moult cadeaux. Cela leur évitera de devenir des enfants gâtés. Ne faites pas l'erreur de croire qu'ils vous aimeront moins si vous n'acceptez pas leurs caprices (au contraire, ils vous apprécieront davantage parce que

---

[49] My Mooc (www.my-mooc.com).
[50] Thomas Macaulay, « Ubuntu VS Mint : Forces et faiblesses pour les entreprises », Le Monde Informatique, 23 février 2018, 2 p.
[51] Youtube (www.youtube.com).

vous saurez leur dire « non » !). Le meilleur cadeau que vous puissiez leur faire est de passer du temps avec eux et de leur apprendre à vivre avec peu[52]. Ainsi, ils développeront leur « être » et non pas le « paraître » et ne souffriront du vide moral engendré par le matérialisme outrancier ;

- **mettez en œuvre le précept « moins c'est plus »** : débarrassez-vous de toutes les possessions inutiles que vous avez (les appareils en double ou triple exemplaire, les livres que vous ne lisez pas...). Apprenez à vous passer de la surenchère matérielle (vous avez besoin du nécessaire mais pas du superflu). Pour vous aider, n'hésitez pas à lire mon ouvrage consacré à ce sujet :

- *Construire une vie plus riche : 7 jours pour tout changer*, Amazon, 2017, 90 p.

- **les vacances** : vous avez le devoir de prendre des vacances afin de vous reposer et de rompre avec votre vie quotidienne. Cependant, les congés s'anticipent (comme la plupart de vos besoins). Prenez un calendrier et planifiez les dates où vous souhaiteriez poser vos

---

[52] Dominique-Henry, « Comment apprendre la consommation minimaliste aux enfants ? », Magicmaman, 6 avril 2020, 2 p.

vacances. En vous y prenant à l'avance et en utilisant des sites internet de voyages, comme LAST MINUTE, vous obtiendrez des réservations à des tarifs *low cost*[53].

Astuce (qui ne fonctionne que pour les personnes sans enfants) : les périodes hors vacances scolaires sont les moins chères pour partir en congé ;

* **les cadeaux** : je vais vous livrer un secret : Noël, la Saint-Valentin, Pâques, la fête des mères, l'anniversaire de mariage ou encore ceux des enfants arrivent tous les ans à la même date. Ce n'est pas une surprise pour vous. Par conséquent, vous devez anticiper ces périodes où vous savez que vous allez inévitablement devoir offrir un cadeau. Achetez en avance, cela vous permettra d'obtenir de meilleurs prix. N'hésitez pas à consulter des spécialistes de la solderie comme NOZ[54].

* **N'achetez jamais acheter sur un coup de tête** ! Passez au crible vos besoins. Pesez le pour et le contre. Renseignez-vous sur la qualité du produit qui vous intéresse (et sur ce que fait la concurrence). En clair, le processus d'achat doit devenir pour vous l'équivalent d'un accouchement : 9 mois de préparation et beaucoup de douleurs avant que votre portefeuille n'émerge

[53] Last Minute (www.lastminute.com).
[54] NOZ (https://www.nozarrivages.com).

lentement de votre poche ! Avec cette bonne habitude, vous vous ferez moins avoir par la publicité.

Voilà la recette pour éliminer 50% de vos dépenses en très peu de temps. Comme vous pouvez le constater, c'est à la portée de tout le monde. Les dépenses excessives et le matérialisme peuvent s'effacer si vous choisissez ce qui compte vraiment pour vous. **Croyez-le ou non, votre enrichissement dépend davantage de votre aptitude à conserver l'argent que vous recevez, plutôt que de votre connaissance des techniques d'investissement.**

Certains seront sceptiques. J'entends d'ici des *haters* me dire :

- « je n'ai pas envie d'habiter sur mon lieu de travail » : évidemment je ne vous dis pas d'aller planter une tente sur la pelouse de votre employeur ! Mais si vous habitez plus proche de votre emploi, vous pourrez recourir à la marche ou au vélo, ce qui est excellent pour votre santé car vous ferez de l'activité physique quotidiennement (nous n'en faisons plus assez dans notre société), et c'est aussi bon pour votre budget car vous limiterez considérablement les dépenses de transport ;

- « vous êtes un écolo-bobo qui est opposé aux véhicules » : entendons-nous bien. Je n'ai absolument aucune haine des voitures ou des motos. Je vous explique simplement que de nombreuses personnes s'en passent déjà et que d'autres le peuvent également en revoyant leur mode de vie. De plus, marcher ou faire du vélo pour vos déplacements améliorera votre état de santé (ce qui n'est pas le cas si vous prenez votre voiture) ;

- « je ne suis pas encore prêt à vivre une vie d'ascète, et à me priver de tout » : personne ne dit de vous priver ! ;

- « vous prônez la décroissance » : ce n'est pas vrai. Je parle au contraire de développement durable ;

- « j'ai impérativement besoin de ma voiture » : c'est tout à fait compréhensible car nous assistons à un véritable étalement urbain à travers le monde. Mais avez-vous besoin d'un énorme véhicule 4x4 pour rouler au maximum à 130km/h (sur autoroute) ? Ou pire, pour rester coincé dans les bouchons lors de vos trajets domicile-travail quotidien ? Bien sûr que non ! Donc vous pouvez tout à fait vous contentez d'un véhicule plus modeste qui sera moins onéreux (à l'achat, à l'entretien, à l'assurance et à la consommation d'énergie) ;

<u>Tout le monde veut que vous dépensiez plus</u> !

Prenez conscience que vous êtes un consommateur au sein du système capitaliste. Cela signifie que tout le monde veut récupérer votre argent. Vous ne me croyez pas ? Voici quelques exemples :

- votre agent immobilier trouve que vous devriez augmenter un tout petit peu votre budget pour acheter votre résidence principale : « bien sûr ce logement est un peu trop grand pour vous aujourd'hui, mais vous verrez que vous aurez toujours besoin de plus d'espace », voilà son argument favoris Quel est son intérêt ? Tout simplement percevoir une plus grosse part de « frais d'agence » au moment de votre achat. Plus vous paierez cher ce bien immobilier et plus ses émoluments seront élevés.

- votre banquier vous prête facilement de l'argent : il veut vous voir consommer plus (acheter à crédit une voiture, du matériel *high tech*…). Quel est son intérêt ? Plus vous faites de crédits et plus il encaisse des intérêts sur les prêts qu'il vous accorde. Vous êtes donc sa vache à lait.

- le gouvernement diminue le taux d'intérêt des comptes dont le capital est garanti au point qu'ils rapportent moins que l'inflation : il veut vous faire sortir votre argent de ces comptes afin que vous le dépensiez. Son but est de dynamiser la croissance économique par la consommation (vous vous rappelez ce que je vous ai dit au départ : vous êtes un consommateur).

- les restaurateurs, les vendeurs de voiture, les propriétaires de magasins de meubles, les agences de voyage, votre boucher (vous connaissez la fameuse phrase « et avec ceci ? »), tous vous exhortent à dépenser votre argent si durement gagné.

En tant que consommateur, il est extrêmement difficile de résister à la pression quotidienne à laquelle nous sommes soumis pour dépenser. Ce n'est bien sûr pas impossible. Mais il faut vouloir vous désintoxiquer de la consommation à outrance pour vivre seulement avec l'essentiel.

Cependant, soyons clair : **se contenter de l'essentiel ne signifie ni vivre pauvrement, ni refuser le Progrès, ni encore moins rejeter la croissance économique.** Il s'agit de vous aider à développer un état d'esprit pragmatique. Vous devez pouvoir vous dire : « voilà où on en est aujourd'hui. Clairement c'est au-delà du strict nécessaire. Voilà le trie que l'on va faire pour recentrer notre vie sur l'essentiel ». Et vous constaterez, qu'au fil du temps, vous aurez besoin de moins en moins de choses, et non pas l'inverse.

Il s'agit tout simplement d'apprendre à distinguer l'essentiel de l'accessoire (ce que nous ne faisons plus avec la société de surconsommation). Le but est de redevenir maître de notre argent afin de pouvoir épargner et de contribuer dans le même temps à la transition de notre monde vers une économie respectueuse de notre environnement et fondée sur un développement durable (agriculture biologique, produits conçus dès le départ pour être recyclés, éco-conception des bâtiments...). Et oui, contrairement à ce que certains pourraient penser, s'enrichir ne signifie pas nécessairement être un gros pollueur qui ne pense qu'à sa petite personne sans réfléchir aux conséquences de ses actes pour les générations à venir !

<u>Payez-vous en premier !</u>

Gardez à l'esprit que **les riches sont ceux qui laissent rentrer plus de revenus dans leur ménage qu'ils n'en laissent sortir.** La différence entre les deux accroît leur actif net chaque année. Comment y parvenir ? Tout simplement en mettant en place un virement automatique à chaque début de mois de votre compte bancaire vers votre compte d'investissement. Prenez conscience de l'importance de vous payer en premier chaque mois : si vous n'épargnez pas avant de payer vos factures, vous dépenserez tout votre argent et vous n'atteindrez jamais la prospérité.

Combien faut-il épargner ? Le plus possible si vous voulez vous enrichir rapidement ! Concrètement, **si vous désirez faire mieux que la moyenne des gens, vous devez épargner beaucoup plus qu'eux (au moins deux fois plus que la moyenne de la population).** Engagez-vous, ici et maintenant, à fixer le pourcentage que vous allez épargner chaque mois :

MON TAUX D'ÉPARGNE (en %) :

Augmentez vos revenus

Afin d'accélérer votre enrichissement, je vous suggère vivement de prendre des mesures complémentaires pour accroître vos revenus. Cette recommandation a 2 vertus :

- vous allez avoir plus d'argent à investir ;
- vous allez diversifier vos sources de revenus et donc vous ne dépendrez pas seulement de votre salaire.

Comment augmenter vos revenus ? Il y a plein de moyens différents. Par exemple, vous pouvez prendre un deuxième emploi, lancer un *business* à côté de votre job actuel (vente en ligne...) ou investir dans l'immobilier locatif. **Tous les revenus complémentaires que vous obtenez en plus de votre salaire ne doivent pas être dépensés mais investis.**

En agissant ainsi, vous allez commencer automatiquement à améliorer votre sort. N'écoutez pas les gens qui pourraient vous critiquer parce que vous avez plusieurs activités qui vous rapportent de l'argent. Par exemple, je suis moi-même parfois vilipendé par des *haters* dans les commentaires sur mes ouvrages : **les mauvais cherchent à tirer vers le bas ceux qui montent pour se rassurer sur leur propre médiocre sort.** Cependant, gardez à l'esprit que ce qui est le plus important dans votre vie c'est votre temps. Ainsi, je ne perds jamais de précieuses minutes à me morfondre sur les critiques : je passe outre et je continue à publier ! Si j'avais pris en considération ne serait-ce qu'un seul mauvais commentaire, je n'aurai jamais écrit 50 livres. Et cela marche : ma communauté de lecteurs grandit aussi bien en France qu'à l'international. Par conséquent, faites pareil : **concentrez-vous sur votre objectif et ignorez les *haters*.** Si vous désirez découvrir de nombreuses idées de revenus passifs, n'hésitez pas à consulter mon ouvrage qui traite de ce sujet :

- *S'enrichir simplement avec les revenus passifs : travaillez moins, gagnez plus et vivez mieux !*, Amazon, 2019, 164 p.

Quid de la résidence principale ?

Soyons clair : **votre résidence principale n'est pas un actif, c'est-à-dire qu'elle ne vous enrichit pas** car elle ne vous rapporte pas d'argent (sous forme de loyer) alors qu'elle vous en coûte (assurances, énergie, entretien, impôts…).

Cependant, se loger est un besoin fondamental de l'être humain au même titre de manger, boire, dormir et

s'habiller. En effet, vous n'allez pas passer toutes vos nuits à dormir dehors dans un duvet. Il vous faut un minimum de confort pour faire face aux intempéries ou alors vous n'aurez jamais de conjoint ! Par conséquent, il vous faut trouver un logement.

Puisque se loger est un mal nécessaire, il est préférable de devenir propriétaire de votre résidence principale. Pourquoi ? Tout simplement parce que vous ne deviendrez jamais riche en restant locataire toute votre vie. Qui enrichissez-vous lorsque vous payez un loyer : vous-même ou votre propriétaire ? Le propriétaire bien sûr ! Acheter votre logement revient à effectuer une sorte d'épargne forcée pour devenir propriétaire (surtout si vous l'achetez à crédit).

Soyons clair : je ne traite dans ce chapitre que du cas particulier de la résidence principale. Les personnes qui investissent dans l'immobilier, y compris résidentiel, afin de dégager des revenus (c'est-à-dire des loyers ou des plus-values par l'achat/revente) acquièrent des actifs. Par conséquent, ils s'enrichissent avec l'immobilier. Si ce sujet vous intéresse, n'hésitez pas à consulter mon ouvrage qui y est entièrement consacré :

- *Investir avec succès dans l'immobilier locatif,* Amazon,

La seule manière de transformer votre résidence principale en actif, c'est de le louer tout ou en partie et que les revenus dégagés couvrent tous les frais de possession de votre bien. C'est, par exemple, ce principe que mettent en application de nombreux propriétaires qui proposent leur logement en location avec le site AIRBNB[55].

Comment ne pas se tromper en achetant sa résidence principale ? Il faut respecter quelques règles très simples :

- **la localisation** : choisissez un bien qui vous permette d'accéder à tous les services à pied (commerces, santé, transport…) ;
- **le juste besoin** : n'achetez pas un logement trop grand. Il vous coûtera plus cher en énergie (chauffage), en assurance, en impôt, en maintenance… C'est logique : plus vous achetez grand et plus vous avez des coûts ;
- **la qualité du bien** : les gens sous-estiment très fréquemment le coût d'une rénovation. Si vous n'êtes pas bricoleur, évitez de vous lancer dans la rénovation d'un logement… à moins que vous n'ayez d'énormes

---

[55] Airbnb (www.airbnb.fr).

moyens financiers pour payer des professionnels de la rénovation ! Sinon, préférez un logement plus récent.

Attention ! Contrairement à une idée reçue, **votre résidence principale ne prend pas toujours de la valeur dans le temps.** Comme tout marché, le prix de votre bien peut évoluer à la hausse ou à la baisse. Par exemple, en 1990 et 2007, le tarif de l'immobilier a diminué en France[56].

---

[56] Mathias Thépot, « 1990, 2007 : deux crises immobilières provoquées par l'innovation financière », La Tribune, 6 mai 2014, 2 p.

ÉTAPE 4 : COMPRENEZ LA BOURSE

Épargner pour épargner ne vous rendra jamais riche[57]. En effet, **votre épargne doit être investie.** Cela signifie que votre argent doit travailler pour vous afin de vous rapporter de l'argent. Quand on parle de placement, les gens s'imaginent tout et n'importe quoi. Par exemple, certains vont considérer que l'achat d'une voiture de luxe est un investissement. Quelle erreur ! **Vous faites un investissement uniquement lorsque vous achetez un actif, c'est-à-dire quelle chose qui prend de la valeur ou qui vous fournit des revenus passifs au fil du temps.**

Ce qui ne vous rendra pas riche

Il existe tout un tas de biens que les individus achètent, en faisant grimper les prix à des niveaux exorbitants et irrationnels, non parce que ces choses sont utiles, ou produisent de l'argent ou de la valeur pour la société, mais simplement parce qu'ils pensent pouvoir les revendre plus tard à quelqu'un d'autre pour un prix supérieur. Ce comportement s'appelle de la spéculation. Ce n'est absolument pas de l'investissement ! Vous jouez à un

---

[57] Solene Rouvier, « Pourquoi épargner ne vous rendra jamais riche », Moneylo, 17 novembre 2020, 1 p.

jeu psychologique gagnant-perdant contre d'autres personnes, où le seul objectif est l'argent. Même si vous avez de la chance et que vous gagnez quelques sous, vous avez gaspillé votre temps et votre énergie. Donc, au final, vous êtes perdant.

Quels sont les biens qui ne constituent pas un investissement ? Voici, ci-dessous, une liste non exhaustive :

- **les matières premières** : l'or, l'argent, les diamants ;
- **les objets de collection** : les bouteilles d'alcool, les véhicules, les timbres… ;
- **les entreprises n'ayant pas démontré leur efficience** : les *startups* à la mode qui brûlent le *cash* sans gagner d'argent…
- **les placements à la mode** : les bulbes de tulipes en Hollande, le bitcoin…

Investir, cela veut dire acheter un actif qui génère des produits, des services, un flux de trésorerie, pendant une période de temps prolongée. Par exemple, des parts dans une entreprise versant des dividendes ou un actif immobilier locatif. Les quelques exemples que je vous ai donné ci-dessus n'entrent pas dans cette définition.

Parlons un peu plus du fameux « Bitcoin » et de ses

dérivés[58]. C'est un placement très à la mode depuis quelques années et il donne lieu à une intense spéculation et à des arnaques[59]. Pourquoi ce succès ? Le Bitcoin est une cryptomonnaie qui repose sur la *blockchain*. Cette technologie est révolutionnaire car elle permet à deux personnes (ou deux machines) de faire des transactions entre elles, même si elles n'ont pas confiance l'une dans l'autre, ou si elles n'ont pas confiance dans le réseau qui les connecte l'une à l'autre.

On peut utiliser la *blockchain* dans le domaine monétaire mais également pour créer des contrats ou effectuer des usages plus sophistiqués comme le partage sécurisé de fichiers informatiques. Le Bitcoin n'est donc qu'un usage parmi d'autres de la *blockchain*. Pourtant, la valeur marchande de ces petits bouts de code informatique représente suffisamment d'argent pour changer le destin de toute l'humanité, par exemple en éliminant la pauvreté dans le monde ! Il y a une véritable folie obsessionnelle qui a transformé la monnaie Bitcoin en une gigantesque loterie internationale[60] ! Ainsi, les gens qui placent leur argent dans les cryptomonnaies sont attirés par l'avidité et

---

[58] Jean-Marc Vittori, « Bitcoin, la vraie raison du succès », Les Échos, 29 novembre 2017, 1 p.
[59] Ludovic Lars, « L'affaire Bitcoinica : le succès et la chute de la plateforme de trading de Bitcoin », Journalducoin.com, 17 octobre 2020, 2 p.
[60] Jennifer Nille, « Le bitcoin suscite à nouveau de la spéculation », L'Écho, 6 mai 2020, 1 p.

l'appât rapide du gain[61].

En gros, c'est la même situation que pour ceux qui prônent l'investissement dans l'or[62]. Nous sommes dans une phase de bulle spéculative avec les monnaies virtuelles[63]. Le prix du Bitcoin n'augmente pas parce que les gens achètent cette monnaie pour faire du vrai commerce. Le prix croît parce que des individus surenchérissent, en espérant trouver quelqu'un d'autre qui acceptera ultérieurement de payer encore plus cher pour ce petit paquet de données informatiques. Et vos Bitcoins n'ont de valeur que lorsque vous les « écoulez » en échange d'une véritable monnaie, comme l'Euro ou le Dollar, afin de pouvoir acheter quelque chose d'utile (comme une maison, un local d'entreprise...). Il est clair que lorsque la réserve de spéculateurs naïfs sera épuisée, la valeur du Bitcoin s'évaporera comme rosée au soleil. Et si vous ne me croyez toujours pas, renseignez-vous sur l'opinion négative de Warren Buffet, le meilleur investisseur de tous les temps, à propos des cryptomonnaies[64].

Pour ne pas vous tromper dans les investissements,

---

[61] Gérard Horny, « La folie bitcoin ou l'incroyable engouement pour une monnaie controversée », Slate, 2 mars 2021, 2 p.

[62] Café de la bourse, « La bulle spéculative de l'or », 27 janvier 2010, 2 p.

[63] Éric Pichet, « Bitcoin à 10.000 dollars : bulle spéculative ou valeur d'avenir ? », La Tribune, 29 novembre 2017, 1 p.

[64] Morgan Phuc, « Warren Buffet persiste et signe : les cryptomonnaies n'ont aucune valeur », Journal du coin, 25 février 2020, 1 p.

restez à l'écart de tout ce qui est à la mode. Il vaut mieux se détendre un peu, investir dans des actifs ayant déjà faits leurs preuves, et devenir riche tranquillement plutôt que de rechercher des raccourcis qui ne mène à rien.

Ce qui vous rendra riche : la bourse

Beaucoup trop de gens estiment qu'investir en actions est une façon trop risquée de placer son argent et ne s'y aventurent pas[65]. Ils se privent ainsi d'un instrument indispensable pour conquérir leur indépendance financière.

Contrairement à de nombreuses idées reçues, **la bourse n'est ni le mal incarné ni un casino**! C'est un lieu d'investissement pour votre argent. Ne croyez pas qu'il faut être diplômé d'une école spécialisée pour réussir vos placements financiers. Il faut seulement savoir où trouver la bonne information (et soyez rassuré, je vais bien sûr vous dire où la chercher).

Beaucoup de particuliers qui placent leur argent en bourse ont tendance à se contenter d'observer les graphiques des cours qui montent ou descendent sans se préoccuper de savoir ce que sont réellement les actions. **Quand vous achetez une**

---

[65] LCI, « 3 raisons pour lesquelles 4 Français sur 5 n'investissent pas en bourse », 18 octobre, 2019, 2 p.

action, vous devenez propriétaire d'une part d'une entreprise. Ce n'est pas un vulgaire bout de papier ou une « ligne » dans un portefeuille boursier. Derrière les actions d'une compagnie, il y a des femmes, des hommes, des matériels et des ressources.

Autre point à prendre en considération : **ne « jouez » pas en bourse.** Vous n'êtes pas à la hauteur. C'est un monde ultra-spécialisé de requins super-rapides et ultra-informés où vous n'êtes même pas une petite crevette, tout au plus du plancton ! Vous n'avez ni l'équipement informatique, ni les informations, ni les compétences, ni les ressources financières d'un fond d'investissement pour espérer faire aussi bien que des professionnels du *trading*[66].

Pour toutes ces raisons, dans le présent ouvrage, la méthode d'enrichissement proposée repose sur l'investissement dans des ETF. Si vous ignorez de quoi il s'agit, n'hésitez pas à consulter mes ouvrages qui y sont entièrement consacrés :

- *S'enrichir en bourse sans effort avec les ETF : le guide complet*, Amazon, 2019, 161 p.
- *Devenez riche et partez en retraite anticipée :*

---

[66] La Tribune, « Trading à haute fréquence : une finance à haut risque ! », 4 avril 2020, 1 p.

> *découvrez l'investissement en ETF / tracker*, Amazon, 2020, 194 p.

Les *trackers* sont des fonds d'investissement passifs et cotés en bourse. Je vous fais un rapide résumé des points indispensables à connaître sur les ETF :

- il s'achètent et se vendent comme des actions (il y a une grande liquidité des parts) ;
- ils permettent une énorme diversification à moindre coût ;
- ils permettent de diversifier les risques car un seul ETF peut investir dans des centaines voire des milliers d'entreprises ;
- ils permettent d'investir de manière totalement passive, c'est-à-dire qu'il ne vous faut pas de temps à y consacrer pour obtenir une excellente performance financière ;
- vous n'avez pas à étudier/analyser les entreprises cotées en bourse. L'ETF suit automatiquement pour vous l'évolution du cours de son indice de référence (et à long terme le marché des actions augmente) ;
- vos frais de gestion sont très faibles (environ 10 fois inférieurs à un fond commun de placement standard).

Vous devez bien comprendre comment fonctionnent les ETF avant de vous y aventurer. La majorité des analystes des marchés financiers cherchent à vous faire croire qu'il y a des hordes de bonnes affaires non encore découvertes à la bourse. C'est totalement faux ! Pourquoi ? Tout simplement parce que, chaque jour, des milliers de gestionnaires de fonds communs de placement et d'experts de fonds de pension très bien payés explorent les marchés à la recherche de bonnes affaires pour placer l'argent de leurs épargnants. Ainsi, quand ils pensent qu'une action est sous-évaluée, ils l'achètent. Inversement, quand ils croient qu'un titre est surévalué, ils le vendent et continuent à le faire jusqu'à ce que le cours atteigne leur définition de la « juste valeur ». Dans ce contexte, imaginer que *vous* allez battre le système et que vous allez trouver l'action non découverte est un peu comme penser que vous pouvez errer dans un désert exploré à fond et repérer une mine d'or que tous les géologues professionnels ont négligée. C'est une illusion !

Les ETF ne cherchent pas à battre le marché. Ils se contentent de le suivre en répliquant passivement sa performance à la hausse comme à la baisse. Cette approche de l'investissement repose sur le constat que l'intelligence du marché est plus performante qu'un investisseur individuel (y compris un fond d'investissement). Et le résultat est sans appel : 97% des gérants font moins bien qu'un *tracker* qui se contente de suivre un indice de référence[67] ! Pourquoi est-ce ainsi ? L'explication tient au fait que les performances financières des fonds d'investissement actifs sont plombées par de multiples frais : les salaires de leurs dirigeants, les coûts de recherche, les frais de commercialisation, les redevances versées aux planificateurs financiers, les frais de négociation... Ce sont tout un tas de frais auxquels ne sont pas soumis les ETF grâce à leur fonctionnement automatisé et passif.

Il existe 2 types d'ETF : à réplication physique (qui achètent tous les titres de l'indice qu'ils répliquent) et à réplication synthétique (qui n'achètent pas les titres de leur indice mais répliquent sa performance par un montage financier appelé un « swap »). Personnellement, je ne suis pas favorable aux ETF à réplication synthétique car ils introduisent un risque supplémentaire (celui de la défaillance de la contrepartie) par rapport aux ETF à réplication physique. Je ne suis pas le seul à ne pas les apprécier. Ainsi, aux États-Unis, la majorité des ETF proposés sur le marché sont à réplication physique[68]. Néanmoins, dans le cadre d'un PEA, un ETF synthétique vous permettra d'investir dans l'indice *World* ou S&P 500.

---

[67] Edouard Petit, « Gestion passive et ETF : comment faire mieux que 97% des gérants ? », Epargnant3.0, 25 octobre 2017, 3 p.
[68] Valérie Riochet, « Le fisc américain tacle les ETF synthétiques européens », L'AGEFI, 8 juin 2017, 2 p.

Placer votre argent dans un ETF suivant un indice large (1600 entreprises dans l'indice « *World* » et 500 compagnies dans l'indice « S&P 500 »), c'est vous protéger contre le risque de défaillance d'une entreprise cotée. En efffet, un ETF n'investit en général pas plus de 10% dans la même entreprise. Au final le fond est constitué de dizaines et de dizaines d'entreprises, ce que vous pourriez difficilement faire seul. En choisissant de placer votre argent dans un indice d'actions large, il est statistiquement impossible que toutes les entreprises qui en font partie fassent faillite en même temps.

Le succès d'un investissement en bourse repose sur la connaissance de faits chiffrés. Placer votre argent dans les marchés financiers en écoutant vos émotions est la meilleure manière...de perdre vos sous ! Vous devez non seulement comprendre la bourse mais aussi connaitre l'historique de performance financière des actions. Les chiffres ne sont pas de l'art. Il s'agit de données concrètes.

Que nous enseigne l'historique des actions ? Tout simplement qu'**après chaque baisse du cours, il y a une hausse, et chaque période de hausse est plus forte et plus longue que la période précédente de baisse.** Une étude portant sur l'évolution de l'économie américaine et française pendant 1 siècle et demi a démontré 1 fait : **les actions sont la classe**

d'actifs la plus performante sur le plan financier[69].
L'immobilier, les obligations ou encore l'or ont des
performances nettement inférieures. Et pourtant, malgré ce fait
qui a été prouvé, les actions sont délaissées par la majorité des
particuliers ! Ne faites pas comme la plupart des gens.

Je parle de performance financière avec la bourse. Très
bien mais de combien parle-t-on ? D'après une étude de la
banque américaine Goldman Sachs, **les rendements boursiers
moyens ont été de 9,2% par an au cours des 140 dernières
années**[70]. Les États-Unis, première puissance mondiale, ont fait
mieux. Ainsi, leur indice phare, le S&P 500 a eu un rendement
de 10% par an entre 1965 et 2019[71]. C'est un fait. Une réalité.
Pas un on-dit. Pas un rêve.

Comment obtenir ces rendements avec la bourse ? C'est
très simple, il vous suffit de placer votre argent dans un ETF
capitalisant suivant l'indice *World* (monde) ou S&P 500. Celui-
ci se chargera ensuite tout seul de répliquer la performance de
son indice de référence. **La stratégie d'investissement est très
simple : chaque mois vous investissez dans des parts de
l'ETF capitalisant qui vous intéresse.** Celui-ci va

---

[69] Jean-François de Laulanié, Les placements de l'épargne à long terme,
Economica, 2016, 176 p.
[70] Fr24News, « Le rendement boursier moyen au cours des 10 dernières
années », 25 août 2020, 2 p.
[71] *Op.cit.*, p.1.

automatiquement réinvestir les dividendes perçus ce qui va faire croître la valeur de vos parts dans le temps. C'est de cette manière que la valeur de votre patrimoine va augmenter au fil du temps au point de vous rendre millionnaire. Nous verrons plus loin quel ETF choisir. **Chaque période de baisse est l'occasion idéale d'acheter plus de parts pour compléter votre portefeuille boursier.**

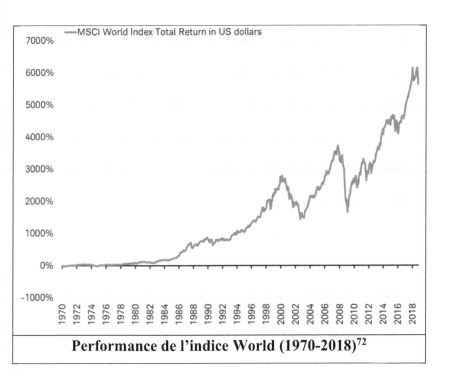

Performance de l'indice World (1970-2018)[72]

[72] Evaluatorfunds.com, (https://www.evaluatorfunds.com/charles-schwab-what-to-expect-in-a-bear-market-for-global-stocks/msci-world-index-total-return-in-us-dollars/).

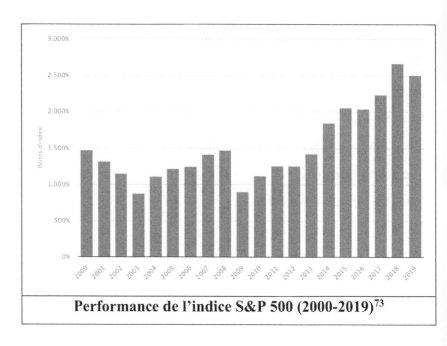

Performance de l'indice S&P 500 (2000-2019)[73]

Comme vous pouvez le constater sur les graphiques ci-dessus, la performance financière des actions est véritablement spectaculaire. Je prétends que n'importe quel individu ou couple âgé de 25 ans, s'il suit la méthode présentée dans ce livre, peut devenir au minimum millionnaire en euros vers ses 45 ans. La pierre angulaire de cet enrichissement repose sur le système des **intérêts composés** (les intérêts d'intérêts) qui sera mis en œuvre par un ETF capitalisant. Chaque fois que je montre les chiffres, il y a toujours des gens qui sont sceptiques. Placer son argent

[73] Statista, « Croissance annuelle de l'indice S&P 500 aux États-Unis de 2000 à 2019 », (https://fr.statista.com/statistiques/564870/performance-annuelle-de-l-indice-setampp-500/).

ainsi semble trop beau pour être vrai. Est-ce qu'il est vraiment si facile de devenir millionnaire ? Bien sûr que oui…si vous épargnez et investissement chaque mois dans une ETF capitalisant et laissez faire les intérêts composés ! Par conséquent, **placer efficacement son argent avec la bourse n'est finalement que du simple bon sens.**

Cependant, la réalité montre que, malgré que la performance financière des actions soit démontrée par les chiffres, la majorité des gens ignorent cet état de fait. Ils manquent de connaissances financières, les obligeant à devenir de mauvais investisseurs, des stratèges mal éclairés et, au final, des pauvres à long terme. **L'éducation financière est la base nécessaire pour bâtir un avenir financier sûr.** Toutefois, ce n'est pas parce que beaucoup de gens échouent à s'enrichir que ce sera le cas pour vous. Il vous suffit simplement de ne pas suivre bêtement les autres et d'appliquer la méthode présentée dans ce livre.

ÉTAPE 5 : CALCULEZ LE TEMPS NÉCESSAIRE POUR DEVENIR MILLIONNAIRE

L'enrichissement commence dans votre tête. Vous devez avoir envie d'atteindre la prospérité. Cela vous motivera à agir. Il faudra néanmoins faire tomber vos barrières mentales qui vous empêchent de vous enrichir. **Le plus gros effort pour un consommateur dans notre société d'hyperconsommation est d'épargner pour le futur car cela demande des sacrifices qui diminuent le plaisir de la vie aujourd'hui afin d'avoir la richesse demain.** Cet esprit de sacrifice n'est pas à la mode de nos jours.

Faites tomber vos barrières mentales

Connus pour leur aversion du risque, placer son argent se résume pour les Français à épargner sur un livret d'épargne ou signer un contrat d'assurance-vie dont le capital est garanti mais qui rapporte moins que l'inflation[74]. Ils ont tort, grand tort de ne pas s'intéresser à la bourse ! Voilà le grand paradoxe : les gens sont terriblement irrationnels quand il s'agit de placer leur

---

[74] Éric Leroux, « Pourquoi l'assurance-vie ne rapporte presque plus rien », Le Monde, 11 août 2019, 2 p.

argent. Ils préfèrent la certitude de le perdre au risque d'en gagner.

Et pour ceux qui tentent un placement en bourse, la majorité d'entre eux n'ont aucune idée de ce qu'ils font et ils n'obtiennent aucun résultat financier probant[75] ! C'est raison pour laquelle, je vous dirai de commencer par appliquer la maxime suivante : « **Connais-toi toi-même** ». Ce précepte, gravé à l'entrée du temple de Delphes dans l'antiquité grecque, reste encore et toujours d'actualité de nos jours ! Ce n'est pas le tout d'épargne et d'investir en bourse. Si vous avez peur de la volatilité de la bourse et que vous achetez et revendez très vite vos titres ou encore si vous recherchez le profit rapide avec les mouvements de marché, vous faites du *trading*. Le problème est que les études ont démontré que la majorité des *traders* perdent en bourse[76].

Ne vous fiez jamais aux actualités. En effet, le problème à notre époque est que l'on ne peut pas ouvrir un journal, allumer la radio, regarder la télévision ou se connecter sur internet sans être confronté à de mauvaises nouvelles à propos des marchés financiers, ou sans que l'on mentionne une crise économique. La peur fait en effet vendre. C'est la raison

---

[75] Julie Martin, « Les particuliers sont mauvais en bourse : 7 défauts à combattre pour réussir sur les marchés », FinanceDir.com, 7 mars 2017, 2 p.
[76] ObjectifEco, « Pourquoi 90% des traders perdent en bourse », 24 février 2017, 2 p.

pour laquelle, vous ne verrez jamais de journaliste écrire en première page d'un média : « pas de nouvelles, tout va bien! ». La presse agit ainsi non pas pour vous aider à vous enrichir mais pour capter votre attention et monnayer votre audience afin d'accroître son chiffre d'affaire.

La seule méthode efficace dans le temps est l'épargne et l'investissement régulier (si possible mensuel) dans les marchés financiers. Cela nécessite pour vous d'opérer une véritable révolution dans votre esprit. En effet, après quelques centaines de milliers d'années d'évolution humaine, et encore beaucoup plus d'évolution animale, la majorité des gens conceptualisent plus facilement le court terme que le long terme. Seule une minorité de gens sont capables d'avoir un horizon de plusieurs décennies. Un investisseur discipliné qui suit la stratégie de placement terriblement ennuyeuse et invraisemblablement paresseuse présentée dans ce livre obtient des rendements supérieurs aux investisseurs actifs, sans connaitre les aléas imputables aux crises diverses. L'investissement en actions via des *trackers* capitalisant est la meilleure manière pour un particulier d'avoir d'excellentes performances financières sur le long terme. Ce n'est pas moi qui l'afffirme mais Warren Buffet (le meilleur investisseur de tous les temps)[77].

Restez concentré sur la méthode : **épargner au maximum et investir votre argent dans des parts d'ETF capitalisant tous les mois.** Si vous suivez cette stratégie, vous deviendrez millionnaire. Ne changez rien. C'est aussi simple que cela. Vous pouvez ignorer les mauvaises nouvelles de ce monde. Vous n'avez pas besoin de lire les cours boursiers tous les jours, ni même tous les mois.

Je ne le répéterai jamais assez. Si vous souhaitez vraiment investir pour devenir riche financière, **vous devez laisser le temps au temps afin que les intérêts composés démontrent toute leur puissance.** Cela signifie que vous devez pouvoir vous passer de votre argent pendant au moins 20 à 25 ans, voire même plus si c'est possible ! Par conséquent, vous devez placer votre argent en bourse dans une logique de long terme (> 15 ans).

La probabilité que vous parveniez à votre objectif de devenir millionnaire est beaucoup plus élevée si vous avez un horizon de 20 ans plutôt que de 5 ans ! En effet, ce n'est pas tellement grave pour ceux qui investissent sur plusieurs décennies, car au final, le rendement peut être nettement plus

---

[77] Tae Kim, « After winnin bet against hdge funds, Warren Buffet says he'd wager again on index funds », CNBC, 3 octobre 2017 , 1 p.

élevé. Mais, à l'inverse, un investissement sur moins de 15 ans peut être mortel. Par exemple, le Nasdaq a eu besoin de 15 ans pour dépasser à nouveau son sommet de fin 1999 où il était tombé de plus de 5 fois sa valeur ! Par conséquent, c'est mathématique : **plus votre horizon de placement est long, plus la probabilité d'un rendement élevé avec la bourse augmente**[78]. Le temps répare toutes les crises même boursières. Ainsi, les *crashs* du passé ont beau être pénibles, le placement à long terme adoucit toujours la peine !

Combien de temps vous faudra-t-il pour devenir millionnaire ?

Comme vous allez le voir, pour s'enrichir avec la bourse n'a rien de magique. En effet, **devenir millionnaire avec un ETF capitalisant repose sur les intérêts composés.** Pour savoir d'années il vous faudra pour devenir millionnaire, vous devez vous appuyer sur 2 facteurs :

- le rendement : c'est-à-dire la performance de l'ETF ;
- l'investissement : plus vous placez d'argent mensuellement et plus vite vous atteindrez votre objectif.

---

[78] Investir, « Bourse : le rendement sur le long terme », 30 août 2019, 2 p.

Je prends l'hypothèse conservatrice d'une performance de 9% par an que ce soit pour un ETF *World* ou *S&P 500* (c'est donc moins que leur performance historique). Mon but n'est pas de vous vendre du rêve mais de m'appuyer uniquement sur des faits démontrés par les mathématiques.

Pour la simulation que je vous propose, je pars de 0€ de capital. J'utilise un calculateur d'intérêts composés en fonction de la somme investie chaque mois. **Sans surprise, plus vous investissez mensuellement en ETF capitalisant et plus vite vous deviendrez millionnaire.** Voici les résultats, ci-dessous, en prenant pour hypothèse un investissement de :

- 100€/mois ;
- 500€/mois ;
- 1000€/mois ;
- 2000€/mois.

100€ investis par mois :

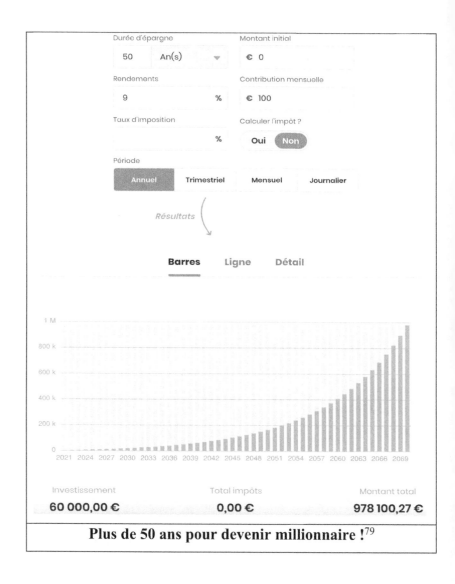

Plus de 50 ans pour devenir millionnaire ![79]

---

[79] Financer.com (https://financer.com/fr/finances/calculatrice/calcul-interets-composes/).

500€ investis par mois :

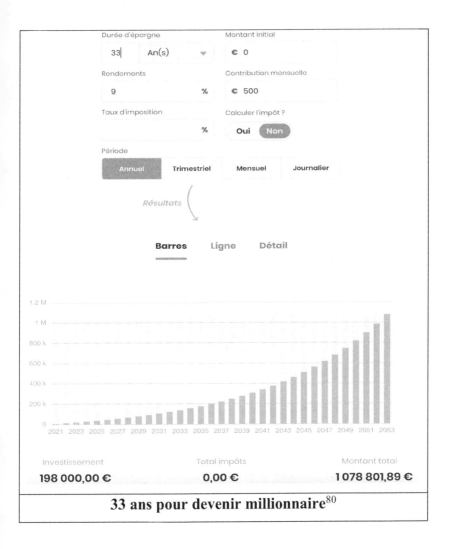

33 ans pour devenir millionnaire[80]

---

[80] Financer.com (https://financer.com/fr/finances/calculatrice/calcul-interets-composes/).

1 000€ investis par mois :

25 ans pour devenir millionnaire[81]

---

[81] Financer.com (https://financer.com/fr/finances/calculatrice/calcul-interets-composes/).

2000€/mois investis :

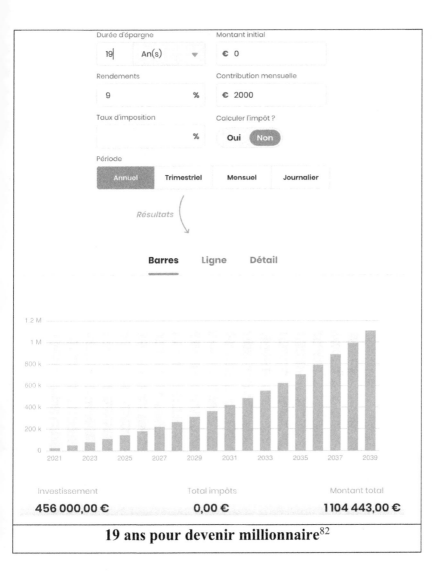

19 ans pour devenir millionnaire[82]

---

[82] Financer.com (https://financer.com/fr/finances/calculatrice/calcul-interets-composes/).

Pour résumer les tableaux qui précèdent, pour devenir millionnaire avec un ETF capitalisant vous procurant un rendement annuel de 9% par an, il vous faudra :

- **plus de 50 ans si vous n'investissez que 100€/mois** : autant vous dire tout de suite que vous ne serez jamais millionnaire en investissant aussi peu d'argent ;

- **33 ans si vous investissez 500€/mois** : c'est une somme que la majorité des gens peuvent placer au cours d'une vie. Par exemple, vous démarrez à 25 ans et à 58 ans vous êtes millionnaire. Vous pouvez prendre une retraite anticipée bien avant l'âge légal en France (aujourd'hui fixé à 62 ans) ;

- **25 ans si vous investissez 1000€/mois** : bien que cela représente une somme conséquente, une partie de la population est tout de même capable d'investir cette somme mensuelle. Par exemple, quelqu'un qui commencerait à le faire dès l'âge de 25 ans serait millionnaire à 50 ans.

- **19 ans si vous investissez 2000€/mois** : seule une infime minorité d'individus au sein de notre société a assez de revenus pour placer une telle somme de manière mensuelle. Si vous faites des études pour exercer un métier qui rapporte beaucoup d'argent, c'est tout à fait possible : médecin, avocat, notaire… Par exemple, vous commencez à 28 ans (parce que vous avez fait de longues études pour avoir un *job* bien rémunéré) et à 47 ans vous êtes millionnaire.

Comme vous pouvez le constater avec ces chiffres, **les intérêts composés sont puissants pour vous enrichir mais ils prennent du temps pour produire leurs effets**. En effet, la méthode proposée par le présent ouvrage ne vous rendra pas millionnaire du jour au lendemain. Ainsi, il vous faudra entre deux et trois décennies pour y parvenir. **Plus vous laisserez de temps aux intérêts composés et plus vous serez riche**. Vous pouvez même devenir multimillionnaire. Par conséquent, il est fortement recommandé de commencer à investir le plus tôt possible, c'est-à-dire dès aujourd'hui.

Vous devez adapter votre capacité d'investissement en fonction de votre situation et de vos préférences individuelles. Ma situation n'est en effet pas nécessairement la vôtre. Placer son argent dans un ETF capitalisant est extrêmement simple et productif. Vous n'avez simplement qu'à déterminer combien vous allez placer chaque mois. Ensuite, vous automatisez cette opération : mettez en place un virement automatique entre votre compte bancaire et votre compte d'investissement. Ainsi, **vous n'aurez plus qu'à donner 1 seul ordre d'achat de parts**

d'ETF par mois et cela vous prendra moins d'une minute. Laissez ensuite faire le *tracker*. C'est cette méthode qu'utilisent avec succès de nombreux Américains et Canadiens afin d'accéder à leur indépendance financière.

ÉTAPE 6 : METTEZ EN PLACE VOTRE SYSTÈME D'ENRICHISSEMENT AUTOMATIQUE

Le but du présent ouvrage est de vous aider à mettre en place une stratégie permettant de vous enrichir automatiquement. Nous avons vu que la bourse est un moyen d'y parvenir si vous investissez chaque mois dans des ETF capitalisant. Encore faut-il que cette opération se fasse avec le minimum d'intervention de votre part si vous voulez mettre vos finances en mode « pilote automatique ».

Votre protection financière

L'erreur la plus commune parmi tous les individus aspirant à s'enrichir est **le manque de préparation du futur**. En effet, la vie est loin d'être un long fleuve tranquille. Ainsi, nous sommes tous confrontés, un jour ou l'autre, à des situations difficiles. Par exemple, le divorce, la perte d'emploi, la longue maladie, la perte d'autonomie... Si vous ne mettez pas en place, dès à présent, une série de protections, vous allez au-devant de graves problèmes ! Vous ne me croyez pas ? Alors, posez-vous une simple question : combien de temps pourriez-vous maintenir votre niveau de vie actuel si vous perdiez votre travail et que vous ne bénéficiez pas d'une assurance-chômage ?

Beaucoup de gens ne pourraient pas tenir plus d'un mois ! Par conséquent, **ne pas prévoir de quoi faire face aux urgences à venir,** c'est s'infliger de l'angoisse inutile le moment venu. **Les urgences financières arriveront forcément un jour.** Anticipez les problèmes à venir dès maintenant. Commencez par vous assurer une sécurité financière. Pour cela, **vous devez vous créer un fond d'urgence équivalent à au moins 6 mois de salaire (12 mois c'est mieux).** Ce fond vous permettra de disposer d'une réserve d'argent dans lequel vous pourrez puiser en cas de grave problème (véhicule à changer...). En sachant que vous disposez d'une somme d'argent non négligeable, vous aurez une tranquillité d'esprit. Vous devez le faire maintenant. **Placez cet argent sur un compte dont le capital est garanti** (type « livret A » ou assurance-vie en « fond euros »). Vous ne l'utiliserez qu'en cas de coups durs. Définissez ci-dessous le montant que vous devez épargner pour avoir une sécurité financière :

MONTANT DE MON FOND D'URGENCE :

Ce fond n'est destiné qu'à vous aider en cas de difficultés. Il ne s'agit pas de l'utiliser pour payer des vacances ou des cadeaux ! Par conséquent, la meilleure façon de gérer son fonds d'urgence est de faire comme s'il n'existait pas. En revanche, dès que vous puissiez dans votre fond d'urgence, votre premier réflexe doit être de le recompléter avant de songer à investir. Le but de ce fond n'est pas de vous faire placer de l'argent pour rien mais de vous permettre de mieux dormir la nuit. **La sérénité de votre esprit n'a pas de prix.**

<u>Votre protection personnelle</u>

Ce livre suppose que vous désirez devenir millionnaire et en bonne santé et non pas être le plus riche du cimetière ! J'ai constaté que la majorité des ouvrages sur les finances personnelles négligent complètement la protection de la santé des individus. Et pourtant, c'est la base de votre succès ! Si vous êtes gravement malade, vous aurez énormément de mal à faire fortune tout simplement parce que vos revenus seront plus faibles qu'en activité et vos préoccupations seront davantage axées sur vos soins plutôt que sur vos finances.

Pour mener une existence en bonne santé le plus longtemps possible, il faut respecter les quelques règles suivantes :

- **dormir 08h00 par jour** (pour un adulte) ;
- **manger équilibré** : prenez au moins 3 repas par jour (matin, midi et soit). Buvez 1,5 litre d'eau/jour. Limitez au maximum la consommation des autres boissons (alcoolisées ou sucrées). Mangez au minimum 5 fruits et légumes par jour. Consommez plus de poisson que de viande. Ne mangez pas de plats préparés et n'allez pas au restaurant : faites vous-même la cuisine à partir d'aliments frais. Privilégiez les produits « bio » parce que ce sont les seuls à contenir moins d'éléments néfastes pour votre santé (pesticides...). Je sais, vous allez me dire « ça coûte plus cher le bio ». Et oui, la qualité se paie ! Ne jouez pas avec les économies sur l'alimentation car **tout ce que vous ingurgitez a des conséquences sur votre état de santé** (développement futur de maladies...)[83].
- **faites du sport** : marchez 30 minutes/jour. Pratiquez 10 minutes/jour de renforcement musculaire (pompes, abdominaux...). Il y a d'excellents *coaches* sur internet

---

[83] Vanessa Bernard, « La malbouffe : la maladie du siècle ? », Observatoire santé, 24 juillet 2018, 1 p.

(notamment avec Youtube) qui vous proposent des séances gratuites. Au moins 3 fois par semaine, faites une activité un peu plus intensive (course à pied, natation, squash…).

- **entretenez des liens sociaux** : rencontrez vos amis régulièrement. Sortez pour découvrir de nouvelles personnes. Soyez ouvert aux autres. Votre esprit se nourrit des interactions avec autrui : vous serez plus positif et entreprenant. Si vous ne le faites pas, vous tomberez tôt ou tard dans la dépression.

Je n'invente rien. Toutes ces recommandations sont issues d'une étude américaine, effectuée par Dan Buettner, portant sur de nombreux centenaires à travers la planète et qui sont restés actifs malgré leur grand âge[84].

Ouvrez votre compte d'investissement

Les pauvres ont tendance à reprocher aux riches de ne pas payer (ou pas assez) d'impôts[85]. Je vais vous poser une question : comment croyez-vous que l'on s'enrichisse ? En

---

[84] Dan Buettner, *Blue zones : où vit-on le mieux et le plus longtemps ?*, Ca m'intéresse, 2010, 277 p.
[85] Michel Kelly-Gagnon, « Les riches ne paient pas d'impôts ? Vraiment ? », Contrepoints, 22 février 2021, 2 p.

payant des impôts au maximum ou en les minimisant ? La réponse est simple : **vous ne vous enrichirez qu'en minimisant les impôts**. C'est la raison pour laquelle, les riches privilégient les solutions permettant de limiter la fiscalité. Observez bien le schéma ci-dessous pour comprendre pourquoi il est plus rentable d'investir dans un ETF capitalisant qu'un ETF distribuant des dividendes :

- ETF capitalisant : 1€ de dividende ⇨ 10% d'intérêt = 1,10€ de capital ;
- ETF distribuant : 1€ de dividende ⇨ taxe (30% en France[86] = 0,30€) ⇨ 0,70€ restant ⇨ 10% d'intérêt = 0,77€ de capital.

Par conséquent, lorsque vous utilisez un ETF distribuant, vous ne recourez pas au principe de « payez-vous en premier », donc perdez du capital chaque année par rapport au même investissement dans un ETF capitalisant. Pourquoi ?

Tant que vous achetez des parts d'ETF capitalisant sans les revendre, vous n'aurez aucune fiscalité. Vous commencerez seulement à payer un impôt au moment de la revente (fiscalité sur la plus-value). Votre performance

---

[86] Mieux vivre votre argent, « Flat tax à 30% : un casse-tête en perspective pour certains détenteurs de placements », 16 septembre 2020, 1 p.

financière avec les ETF sera toujours amputée par la fiscalité de vos investissements. Voici la formule mathématique qui s'appliquera :

> **PERFORMANCE FINANCIÈRE NETTE = RETOUR BRUT SUR INVESTISSEMENT - FISCALITÉ**

Par conséquent, pour obtenir la meilleure performance financière, vous devez limiter la fiscalité de votre portefeuille boursier d'ETF. Pour cela, vous devez choisir un compte d'investissement qui minimise l'imposition.

Attention ! Il existe une énorme différence entre minimiser les impôts (= optimisation fiscale) et tromper les impôts (= fraude fiscale). La première est une activité totalement légale, alors que la seconde est complètement illégale ! Comment optimiser votre fiscalité ? C'est très facile : **il suffit d'utiliser tous les dispositifs d'incitation fiscale proposés par les gouvernements**.

Dans ce livre, je vous propose d'investir dans des ETF cotés en bourse. Pour acheter vos parts de ce type de fond, vous pouvez recourir à 3 types de comptes :

- **le Compte-Titre Ordinaire (CTO)** : il permet d'investir dans tous les ETF disponibles. Son ouverture est rapide et gratuite. Vous pouvez recourir aux services de Boursorama, par exemple[87]. Son énorme inconvénient est qu'il est soumis à la fiscalité sans aucun dispositif d'optimisation. La fiscalité est actuellement la suivante : 30% sur la plus-value réalisée ;

- le **Plan d'Épargne en Actions (PEA)** : il permet d'investir dans un nombre plus restreint d'ETF que le CTO. Son ouverture est rapide et gratuite. Là aussi, vous pouvez ouvrir ce type de compte chez Boursorama, par exemple. Son avantage est qu'il bénéficie d'une fiscalité favorable. Toutefois, **le montant du capital que vous pouvez y placer est limité : 150 000€ pour une personne**. Chaque conjoint peut en avoir un. Donc, **pour un couple, vous pouvez placer au maximum 2 x 150 000€ (= 300 000€) avec le PEA**. La fiscalité est actuellement la suivante : 17,2% sur les plus-values réalisées ;

- **l'assurance-vie** : de plus en plus d'assurances-vie proposent des unités de compte en ETF. Vous pouvez recourir aux services de Linxea, par exemple[88]. Son ouverture est lente (il y a un délai de rétractation à respecter avant que vous puissiez placer votre argent

---

[87] Boursorama (www.boursorama.com).
[88] Linxea (www.linxea.com).

dans le contrat). Le choix d'ETF est également plus limité que dans un CTO ou un PEA. L'avantage est qu'il n'y a aucun plafond pour le capital que vous pouvez verser. Vous bénéficiez également d'une fiscalité favorable au moment du retrait de l'argent (si le contrat a plus de 8 ans) et lors de la succession. L'inconvénient est que l'assureur prélève des frais de gestion chaque année sur votre contrat (environ 0,6% par an). La fiscalité est actuellement la suivante : 4 600€ peuvent être retirés chaque année sans être imposé (9 200€ pour un couple) et, au-delà, une taxe de 24,7% sur les plus-values s'appliquera.

Comme vous pouvez le constater, vous avez le choix entre plusieurs types de compte. Suivant l'âge que vous avez et votre capacité d'investissement, la phase de retraits de votre portefeuille boursier sera plus ou moins éloignée. La fiscalité sera indolore pendant toute la phase d'accumulation de votre capital.

Avec la méthode présentée dans ce livre, **je vous suggère vivement de recourir à un PEA et à une assurance-vie pour vos investissements dans les ETF capitalisant.** Vous optimiserez ainsi au mieux votre fiscalité ce qui vous permettra d'obtenir une performance financière plus intéressante sur le long terme (> 15 ans).

Mettez vos finances en mode « pilote automatique »

Quel que soit le type de compte d'investissement que vous choisissez, vous ne devez pas avoir à vous occuper des transferts d'argent pour investir. Comment faire ? Il vous suffit d'utiliser la technologie. Définissez tout simplement le montant d'un virement automatique, programmé à une date mensuelle, à partir de votre compte bancaire vers votre compte d'investissement. Faites cette démarche une fois et c'est terminé. Vous n'aurez plus jamais besoin d'y revenir (sauf si vous voulez accroître la somme que vous voulez virer chaque mois). De cette façon, quand vous épargnez de l'argent, vous le placez de façon intelligente, c'est-à-dire, en vous payant d'abord avant de payer les autres.

Définissez ci-dessous les modalités de votre transfert d'argent :

NOM DU COMPTE BANCAIRE :	Transfert ⇨ montant :	NOM DU COMPTE D'INVESTISSEMENT :

Une fois par mois, quand l'argent est transféré, connectez-vous à votre compte d'investissement. Donnez un ordre d'achat de parts d'ETF capitalisant avec le montant dont vous disposez. Vous ne vous intéressez absolument pas à la valeur de la part. C'est tout, vous pouvez vous déconnecter de votre compte ! Cette simple action, qui ne vous prendra pas plus d'une minute par mois, vous rendra riche sur le long terme ! Pourquoi ? Tout simplement parce que vous laissez faire les intérêts composés au fil du temps.

La protection de votre patrimoine

Votre but est de vous enrichir et de le rester. Vous ne voulez pas que vos ETF qui ont pris de la valeur ne disparaissent du jour au lendemain ! Pour cela, sachez qu'en France, il existe une protection du patrimoine des particuliers, appelée la « garantie des dépôts », à hauteur de 100 000€ placés par établissement financier[89]. Cela signifie qu'en cas de faillite de l'organisme où vous avez placé votre argent, vous perdrez votre capital et l'État vous indemnisera à hauteur de 100 000€ maximum par établissement sous un délai de 7 jours ouvrables.

Cette généreuse garantie s'appliquera si vous respectez les conditions suivantes :

- l'établissement dans lequel vous placez votre argent doit être reconnu comme étant une « banque » (c'est le cas de Boursorama) ;
- l'indemnité versée sera de 100 000€ maximum (et moins si vous aviez placé une somme inférieure à ce montant).
- vous recevrez 1 indemnité pour 1 établissement. S'il y a une défaillance de multiples organismes et que vous y aviez placé votre argent, vous recevrez une indemnité par organisme qui a fait faillite (donc vous pouvez cumuler plusieurs fois 100 000€ d'indemnité).

Sachez également qu'il existe une « garantie des titres ». Celle-ci est déclenchée lorsque le prestataire de service d'investissement n'est plus en mesure de restituer à ses clients les titres qui lui ont été confiés. Cette garantie couvre tous les

---

[89] Ministère de l'économie, des finances et de la relance, « Qu'est-ce que la garantie bancaire des dépôts ? »,20 janvier 2019, 2 p.

titres financiers (notamment les ETF) jusqu'à 70 000€ par client et par établissement.

Vous devez sans doute vous demander pourquoi je vous parle de tout cela. La réponse est très simple. Je vous suggère fortement de **ne pas placer plus de 100 000€ dans des ETF au sein d'un établissement**. Protégez-vous contre le risque de défaillance d'un intermédiaire en multipliant les comptes d'investissement chez plusieurs organismes différents. Ainsi, en cas de faillite d'un établissement, vous ne perdrez pas tout votre patrimoine !

ÉTAPE 7 : INVESTISSEZ

« Si vous ne trouvez pas une façon de faire de l'argent pendant que vous dormez, vous travaillerez jusqu'à votre mort[90] ».

Warren Buffet.

Nous venons de voir qu'il faut pratiquer la diversification des comptes au sein de différents établissements afin de vous protéger du risque de faillite. Vous devez faire exactement la même chose pour vos ETF. En effet, rien ne vous garantit que votre fond d'investissement ne va pas être fermé par son émetteur un jour ou l'autre. Ainsi, chaque année, les établissements financiers n'hésitent pas à mettre fin aux ETF dont les encours (= le volume financier) sont très faibles (< 100 millions €)[91]. Par conséquent, **vous devez placer votre argent dans des ETF émis par différents établissements.** Par exemple, si vous choisissez d'investir dans un ETF World, il est indispensable de placer une partie de votre argent chez un émetteur tel qu'AMUNDI et de placer l'autre chez un autre émetteur tel que VANGUARD, ou SPDR ou ISHARE. En

---

[90] Zone Bourse, « Stratégie : le jeune investisseur deviendra millionnaire », 31 août 2018, p.1.
[91] Amundi « La gamme Amundi ETF éligible au PEA évolue », 15 mai 2019, 1 p.

procédant de la sorte, vous protégerez votre patrimoine contre le risque de fermeture d'un ETF et de faillite d'un émetteur.

Investir dans un ETF capitalisant ou distribuant ?

Un ETF capitalisant réinvesti automatiquement les dividendes versés par les compagnies dans lesquelles il est investi ce qui fait mécaniquement croître la valeur de vos parts. Un ETF distribuant vous verse les dividendes qu'il reçoit. Si vous êtes intéressé par recevoir des dividendes avec des *trackers*, n'hésitez pas à consulter mon ouvrage qui y est entièrement consacré :

- *S'enrichir simplement avec les ETF à dividendes*, Amazon, 2021, 196 p.

Justement, parlons du dividende. De quoi s'agit-il exactement ? Lorsque l'on est actionnaire d'une société, on a des droits. D'une part, vous avez le droit de vote en assemblée générale pour décider des grandes orientations pour l'entreprise et, d'autre part, vous avez droit à une partie du bénéfice annuel créé par la société. Le bénéfice se définit comme la somme restante à la fin de l'année une fois que l'on a payé les fournisseurs, les employés, les créanciers et l'Etat. Les compagnies n'ont aucune obligation de verser un dividende, sauf pour les SIIC et les REIT (sociétés immobilières cotées en bourse). Si ce type d'entreprise vous intéresse, n'hésitez pas à consulter mon ouvrage qui traite de ce sujet :

> - *Guide pour s'enrichir simplement avec l'immobilier des foncières cotées (SIIC et REIT)*, Amazon, 2019, 160 p.

Chaque entreprise définit sa « politique de distribution », c'est-à-dire que les actionnaires votent en assemblée générale pour déterminer si le bénéfice sera distribué sous forme de dividende (reversement de *cash*) ou si la compagnie va racheter ses actions (augmentation du cours du titre en bourse). Cette dernière pratique est de plus en plus courante aux États-Unis. Pourquoi ? Tout simplement parce que quand la société verse un dividende aux actionnaires, ces derniers paient un impôt à la source (*flat tax*) et perdent donc une partie du capital versé. Inversement, quand une compagnie rachète ses actions, les actionnaires voient la valeur de leurs titres augmenter mais ne paient aucun impôt tant qu'ils ne les vendent pas. Ils s'enrichissent donc sans avoir à agir (et c'est de cette manière que la valorisation de la fortune des riches croît).

De nombreux investisseurs particuliers sont friands des dividendes. En effet, ils considèrent que le fait de recevoir de l'argent sans rien faire (il suffit d'être propriétaire d'une action pour recevoir un dividende) est un moyen de s'enrichir de manière passive. Ils font donc le raccourci suivant dans leur tête :

DIVIDENDE = ENRICHISSEMENT

C'est une erreur ! En effet, contrairement à ce que croient la plupart des investisseurs particuliers, un actionnaire ne devient pas plus riche lorsqu'il reçoit des dividendes. Pourquoi ? Tout simplement parce qu'il ne s'agit pas d'« argent magique ». L'entreprise reverse une partie de ses bénéfices aux actionnaires, donc sa valeur en bourse baisse mécaniquement d'autant que la somme versée en dividende. C'est la raison pour laquelle, lorsqu'il y a un paiement de dividende, le cours de l'action chute et l'actionnaire paie en plus un impôt à la source ! Cela est vrai pour un investisseur qui détient des actions à dividendes ou des ETF distribuant. L'épargnant en tracker (hors France) reçoit un dividende net (*net return*) et non un dividende brut (*gross return*) d'impôt. Par conséquent, ce n'est pas le moyen le plus rapide de s'enrichir car il y a un frottement fiscal qui vient rogner la performance financière globale.

C'est pourquoi, dans le présent ouvrage, **la méthode d'investissement proposée repose sur les ETF capitalisant.** Vous serez ainsi à l'abri de la fiscalité tant que vous ne céderez pas vos parts de *tracker*. Vous devez prendre conscience que **vendre une partie de votre capital est nettement plus performant et rentable, sur le plan financier, que de s'appuyer uniquement sur les dividendes.** Nous verrons plus loin quel pourcentage de votre portefeuille vous devez vendre chaque année pour pouvoir en vivre sans difficulté jusqu'à la fin de vos jours.

Liste des principaux ETF capitalisant :

Pour vous aider à faire votre choix, voici les principaux ETF capitalisant sur le marché européen :

Indice World :		
Émetteur	**Code ISIN**	**Méthode de réplication**
Amundi MSCI World UCITS ETF – EUR (C)	LU1681043599	Synthétique
Lyxor Core MSCI World (DR) UCITS ETF - Acc	LU1781541179	Physique

SPDR MSCI World UCITS ETF (EUR)	IE00BFY0GT14	Physique
Vanguard FTSE All-World UCITS ETF (USD) Accumulatinf (VWRA)	IE00BK5BQT80	Physique

Indice S& P 500 :		
Émetteur	**Code ISIN**	**Méthode de réplication**
Amundi ETF PEA S&P 500 UCITS ETF – Daily Hedged EUR	FR0013412293	Synthétique
Lyxor S&P 500 UCITS ETF - Acc	LU1135865084	Synthétique
SPDR S&P 500 EUR Hdg UCITS ETF (Acc)	IE00BYYW2V44	Physique
Vanguard S&P 500 UCITS (USD) Accumulating (VUAG)	IE00BFMXXD54	Physique

Veuillez noter que la liste d'ETF que je vous présente ci-dessus est loin d'être exhaustive ! En effet, il existe de nombreux autres émetteurs. L'intérêt des ETF que je vous cite ici est qu'ils ont une capitalisation importante et donc ils ne sont pas prêts d'être fermés. C'est très intéressant pour les investisseurs de long terme que vous êtes.

Exemple de portefeuille boursier d'ETF capitalisant

À partir des ETF que je vous ai présenté, vous pouvez vous créer différents portefeuilles :

Portefeuille basé sur l'indice World :		
Émetteur	Code ISIN	Méthode de réplication
Amundi MSCI World UCITS ETF – EUR (C)	LU1681043599	Synthétique
Lyxor Core MSCI World (DR) UCITS ETF - Acc	LU1781541179	Physique

L'intérêt de ce portefeuille est que vous diversifiez vos placements entre 2 émetteurs d'ETF différents qui suivent le même indice.

Portefeuille basé sur l'indice S& P 500 :		
Émetteur	**Code ISIN**	**Méthode de réplication**
Amundi ETF PEA S&P 500 UCITS ETF – Daily Hedged EUR	FR0013412293	Synthétique
Lyxor S&P 500 UCITS ETF - Acc	LU1135865084	Synthétique

L'intérêt de ce portefeuille est que vous diversifiez vos placements entre 2 émetteurs d'ETF différents qui suivent le même indice.

Portefeuille basé sur les indices *World* et S&P 500		
Émetteur	**Code ISIN**	**Méthode de réplication**
Amundi MSCI World UCITS ETF – EUR (C)	LU1681043599	Synthétique
Lyxor S&P 500 UCITS ETF - Acc	LU1135865084	Synthétique

SPDR MSCI World UCITS ETF (EUR)	IE00BFY0GT14	Physique
Vanguard S&P 500 UCITS (USD) Accumulating (VUAG)	IE00BFMXXD54	Physique

L'intérêt de ce portefeuille est que vous diversifiez vos placements à 2 indices et 4 émetteurs différents. Attention ! Sachez que l'indice *World* est composé à 60% d'actions américaines (dont celles du S&P 500). Par conséquent, ce portefeuille tend à surpondérer les États-Unis. Ce n'est pas forcément un problème puisque ce pays est la première puissance du monde. Il faut simplement avoir conscience que cet exemple de portefeuille a un fort biais américain.

Quand dois-je contrôler mon portefeuille boursier ?

Le mauvais comportement est de lire quotidiennement les nouvelles relatives à l'évolution de la bourse. En effet, ce qui est formidable dans la méthode que je vous propose, c'est que vous n'avez absolument rien à faire ! Vous n'avez pas à vous intéresser aux marchés financiers. Les conseils ou les rumeurs sont aussi utiles que celles qui concernent les stars du *show-business* : c'est amusant, cela fait passer le temps, mais cela ne sert pas à grand-chose ! Le *lazy investing* fonctionne parfaitement sans votre intervention. Nul besoin de contrôler si votre portefeuille d'ETF monte ou descend.

Le jour où vous investissez, c'est-à-dire une fois par mois, vous passez un ordre d'achat de vos parts de *tracker* « au prix du marché » (il s'exécutera en priorité par rapport aux autres types d'ordres). Si le prix de la part est plus bas que le mois d'avant, vous en achèterez plus avec le même montant, si le prix est plus élevé, vous en achèterez moins. Sur le long terme, votre Prix de Revient Unitaire (PRU) sera lissé par ces phases de hausse et de baisse des cours. Par conséquent, ne cherchez pas à faire du *market timing* avec les ETF...c'est totalement inutile !

Investir dans l'immobilier

Un conseil commun en investissement est de ne jamais mettre ses œufs dans le même panier. De plus, j'ai bien conscience que la majorité des lecteurs n'auront pas confiance dans la seule méthode d'investissement en actions. En effet, la bourse terrorise encore trop de gens. Alors, en complément, je vous propose également de placer une partie de votre argent dans l'immobilier. Attention ! Cette approche est uniquement complémentaire à la stratégie d'investissement dans un ETF capitalisant destinée à faire de vous un millionnaire et non pas un substitut.

Pourquoi investir dans l'immobilier ? Il y a de nombreuses raisons. Voici les principales :

- **l'immobilier est une autre classe d'actifs que les actions** : c'est un bon moyen de diversifier votre patrimoine entre deux classes d'actifs non corrélés (la valeur des 2 n'évolue pas de la même façon en fonction de l'état de l'économie) ;

- **l'immobilier permet de générer des revenus passifs qui protègent de l'inflation** : étant indexés sur l'inflation, les loyers évoluent en tenant compte de celle-ci. Votre pouvoir d'achat est donc préservé au fil du temps ;

- **l'immobilier peut être physique ou en « pierre-papier »** : tout le monde sait ce qu'est un appartement ou une maison mise en location. En revanche, beaucoup moins de gens savent que l'on peut investir dans des centres commerciaux, des hôtels, des prisons, des antennes, des terrains agricoles, des forêts, des bureaux, ou encore des centres de loisir et en tirer des loyers grâce à la pierre-papier (SIIC, REIT et SCPI). L'autre avantage est que la pierre-papier coûte beaucoup moins cher à investir que l'immobilier physique.

De préférence, privilégiez l'investissement dans la pierre-papier plutôt que dans l'immobilier physique. Pourquoi ? Tout simplement pour appliquer au maximum le principe de diversification de votre patrimoine. En effet, si vous êtes un Français moyen, vous êtes sûrement employé en France, vous êtes propriétaire de votre résidence principale (à crédit) en France, vous avez placé votre argent dans des banques en France et vous cotisez pour un organisme de retraite en France. Bref, vous êtes totalement dépendant de la France. C'est extrêmement dangereux ! Ainsi, s'il venait à y avoir une guerre, un bouleversement politique ou une profonde crise économique qui touche notre pays, vous perdriez une grande partie (voire la totalité) de tout ce que vous avez !

La pierre-papier vous permet facilement d'investir à l'international. En effet, vous n'avez simplement qu'à apporter du capital et la société immobilière s'occupe de tout le reste. Ainsi, elle achète les biens immobiliers, les met en location, gère les impayés, effectue l'entretien et vous reverse les loyers et les éventuelles plus-values de cession des bâtiments sous forme de dividendes. Bref, vous achetez des parts de SIIC, REIT ou de SCPI et vous recevez des revenus passifs à vie. Quoi de plus simple pour investir ? Si ce sujet vous intéresse, n'hésitez pas à consulter mon ouvrage qui y est entièrement consacré :

> - *S'enrichir facilement depuis chez soi avec l'immobilier coté et non coté (SIIC, REIT et SCPI)*, Amazon, 2019, 198 p.

Pour un particulier investissant en direct dans des compagnies, les revenus issus des SIIC et des REIT sont soumis à la fiscalité mobilière car ils proviennent de sociétés cotées en bourse. Les revenus issus des SCPI sont soumis à la fiscalité des revenus fonciers.

J'insiste : **investir dans la pierre-papier n'est qu'une technique complémentaire à l'investissement dans un ETF capitalisant afin de générer des revenus passifs non liés aux actions.** Si vous vous contentez de placer uniquement votre argent dans des SIIC, REIT et SCPI, vous deviendrez difficilement millionnaire !

N'ayez pas peur d'investir !

Ce qui empêche la majorité des gens de s'enrichir, c'est qu'ils n'investissent pas. En effet, ils préfèrent les placements « sûrs » qui ne rapportent pas grand-chose à la prise de risque qui pourrait leur rapporter une fortune. Prenez conscience, ici et maintenant, qu'**il est beaucoup plus facile de perdre un emploi que de perdre un portefeuille d'ETF et d'immobilier.** Votre patrimoine ne vous licenciera jamais, alors que votre patron probablement !

ÉTAPE 8 : CONSOMMEZ VOTRE CAPITAL

Après plusieurs années d'épargne et d'investissement, votre portefeuille d'ETF capitalisant atteint et même dépasse le million. Vous êtes alors millionnaire.

La règle des 4% pour consommer votre capital

Une fois riche, vous vous demandez sans doute comment dépenser votre capital chaque année sans pour autant l'épuiser et retomber dans la pauvreté. Vous avez raison de penser ainsi. D'autres personnes se sont également intéressées à cette question avant vous. C'est là que je vais vous parler du fameux *Safe Withdrawal* Rate (taux de retrait sécurisé). De quoi s'agit-il ?

Le taux de retrait sécurisé se définit comme le pourcentage du capital que vous pouvez dépenser chaque année pour qu'il dure toute votre vie. Ce fameux taux a fait l'objet d'études. Ainsi, en 1994, le financier américain William Bengen s'est livré à une analyse approfondie de la durabilité d'un portefeuille boursier ave différents taux de retraits. Il en est arrivé à la conclusion qu'**un investisseur qui retire 4% de la valorisation de leur portefeuille chaque année (en ajustant évidemment avec le taux d'inflation) a de grande chance de**

conserver son portefeuille boursier à vie quelles que soient les circonstances. Mieux, la valeur de celui-ci continuera à croître dans le temps ! Cette règle a été une nouvelle fois validée par une étude scientifique, réalisée en 1998, par trois professeurs de l'Université Trinity[92]. Voici les probabilités de survie d'un portefeuille composé à 100% d'actions :

Étude de l'Université Trinity[93]			
NOMBRE D'ANNÉES	TAUX DE RETRAIT : 3%	TAUX DE RETRAIT : 4%	TAUX DE RETRAIT : 5%
15 ans	100%	100%	100%
20 ans	100%	100%	92%
25 ans	100%	99%	82%
30 ans	100%	94%	78%
35 ans	100%	91%	76%
40 ans	100%	89%	70%

En clair, si vous retirez 3% ou moins de votre capital chaque année, votre portefeuille a 100% de chance de durer

---

[92] Philip L. Cooley, Carl M. Hubbard, Daniel T. Walz, "Retirement Savings: choosing Withdrawal Rate That Is Sustainable", Trinity University (Texas), 1998, 6 p.
[93] Mr Tortue, « La règle des 4% : comment faire durer son capital indéfiniement », (https://mrtortue/com/regle-des-4-pourcent).

toute votre vie (et même au-delà). Cependant, vous n'obtiendrez pas une grosse somme d'argent pour vivre (à peine 30 000€/an soit 2 500€/mois). Si vous retirez 5%, vos chances chutent considérablement. Par conséquent, le taux de retrait sécurisé s'établit à 4%. Combien d'argent recevrez-vous si vous retirez 4% d'un million € ? 40 000€, soit 3 333€/mois, c'est-à-dire presque 3 fois le salaire minimum en France !

Et encore, cette somme ne concernera que la première année (vous gagnerez plus dès la 2e année). En effet, comme nous l'avons vu, un portefeuille d'ETF capitalisant est tout à fait capable de générer sans risque un rendement supérieur à 4% net d'impôt et d'inflation. C'est par exemple le cas en investissant dans un *tracker World* ou S&P 500. Par conséquent, **la probabilité de ne jamais tomber à court d'argent avant votre décès est très grande si vous appliquez la règle des 4%.**

J'entends déjà certains *haters* me dire : « ah mais ça ne marchera jamais ce truc, c'est un calcul d'apothicaire ! », « les performances passées ne présagent pas celles à venir », « l'humanité a connu au 20e siècle une croissance sans précédent que nous n'aurons plus car le monde va régresser », « avec la règle des 4% il y a un petit pourcentage d'échec, cela veut dire que j'ai une chance de finir à la rue à 70 ans ! »… Comme pour tous les sujets, il y a des gens qui seront pessimistes et d'autres optimistes. Les pessimistes sont libres de se complaire dans la négativité et même d'aller voir ailleurs ! Ce livre ne s'adresse pas à eux.

Vous devez comprendre que l'étude de l'Université Trinity est extrêmement restrictive. En effet, elle ne prend pas en compte les éléments suivants :

- les aides sociales ;
- les héritages ;
- la possibilité de travailler à temps partiel ou en tant qu'auto-entrepreneur ;
- la réduction de vos besoins en dépense en vieillissant...

Par conséquent, cela signifie qu'en pratique, vous avez toutes les chances de vivre sans problème d'argent jusqu'à la fin de vos jours en utilisant la règle des 4%. Donc, pas besoin de stresser !

La fiscalité

Tant que vous ne vendez pas vos parts d'ETF capitalisant, vous n'êtes soumis à aucune imposition. Votre patrimoine se développe à l'abri de la fiscalité. Cependant, **dès que vous allez céder ne serait-ce qu'une seule part de *tracker*, vous allez être imposé à la source**. D'où l'importance du choix du type de compte d'investissement. Je vous ai d'ailleurs expliqué à ce moment-là quelle était la fiscalité de chaque compte. Je ne reviendrai donc pas sur ce point. Si vous investissez dans les SCPI en direct, c'est-à-dire sans créer de société, vous serez soumis à l'impôt sur le revenu concernant les dividendes qu'elles vous verseront. Si vous investissez au travers une entreprise, vous serez soumis à l'impôt sur les sociétés.

Comment en finir avec votre emploi actuel ?

Maintenant que vous êtes millionnaire et que vous avez défini la vie que vous souhaitiez mener, vous êtes libre de votre temps. Vous n'êtes donc plus obligé d'occuper votre emploi actuel. Comment quitter votre patron (si vous êtes salarié) ? Il suffit de mettre en place les actions suivantes :

1) Aborder le sujet de quitter son emploi avec votre conjoint ;

2) Définir la date de votre dernier jour de travail ;

3) Donner votre démission (il y a un délai légal à respecter avec votre contrat de travail) ;

4) Quitter l'entreprise le jour « J » en remerciant les collègues de travail (mais vous n'avez pas besoin de leur indiquer que vous êtes désormais rentier).

Cependant, qui peut sincèrement croire qu'une fois riche, on arrête totalement de travailler ? Non bien sûr, sinon vous allez tomber dans la dépression ! Simplement, maintenant que vous êtes riche, vous avez le choix de décider quelles activités vous désirez faire.

Vous ne me croyez pas ? Très bien, alors tenons-nous en aux faits et rien que les faits. Prenons l'exemple de Bill Gates. Cet individu est devenu l'homme le plus riche du monde en fondant l'entreprise MICROSOFT[94]. Puis, à la cinquantaine, il a abandonné son poste de PDG tout en étant milliardaire. Et qu'as-il fait du reste de sa vie : du bronzage au soleil ? des fêtes ? des collections de véhicules ? Que nenni ! Il a pris la tête de la *Bill & Melinda Gates Foundation* qui est la plus importante fondation caritative du monde[95]. En clair, après avoir démissionné de son emploi, l'homme le plus riche de la planète s'est trouvé…un autre *job* ! **Travailler répond à un besoin profond de tout individu d'avoir un but dans la vie.**

---

[94] La Voix du Nord, « Bill Gates redevient l'homme le plus riche de la planète », 16 novembre 2019, 1 p.
[95] Bill & Melinda Gates Foundation (www.gatesfoundation.org).

Essayez le mode de vie d'un « nomade digital »

Devenir millionnaire vous permet d'être libre de votre temps. Vous aurez sûrement envie de voyager. C'est l'occasion, par exemple, de devenir un « nomade digital ». De quoi s'agit-il ? Puisque vous êtes libre de faire ce que vous voulez, pourquoi ne pas vous créer des activités que vous pouvez gérer à distance grâce à la révolution numérique que nous vivons au XXIe siècle ? Vous avez seulement besoin de 2 choses :

- 1 ordinateur ;
- 1 connexion internet.

Rassurez-vous. Il ne s'agit pas de redevenir salarié d'une entreprise en mode « télétravail ». Pas du tout ! Le nomade digital est bien plus que cela : il dirige ses propres *business* à distance. Ainsi, il y a tout un tas d'activités que vous pouvez gérer tout en voyageant comme :

- **écrire des articles sur un blog et le monétiser** (par exemple avec des liens d'affiliation) : vous pouvez utiliser un fournisseur de blog tel que WORDPRESS[96] ;

---

[96] Wordpress (https://wordpress.com).

- **réaliser des vidéos** (les smartphones ont aujourd'hui d'excellents capteurs permettant de réaliser des enregistrements tout à fait satisfaisants) : vous pouvez diffuser vos vidéos et les monétiser grâce à un site tel que YOUTUBE[97] ;
- **vendre vos photos** (par exemple celles que vous prenez si vous voyagez à travers le monde) : vous pouvez céder vos photos à un site tel que SHUTTERSOCK[98] ;
- …

L'avantage de la vie de nomade digital, c'est que vous n'avez pas besoin de structure (créer une entreprise) pour vous lancer. Vous serez imposé à l'impôt sur le revenu si vous agissez comme particulier. Si votre activité prend de l'ampleur, alors là seulement vous régularisez en lançant une compagnie (et dans ce cas, vous serez soumis à l'impôt sur les sociétés).

En clair, **devenir millionnaire ne signifie pas devenir oisif.** Prenons l'exemple d'Olivier Seban (millionnaire français). Il a sa propre chaîne YOUTUBE et son site internet sur lequel il propose des formations sur l'investissement immobilier[99]. Dans ses vidéos, on le voit régulièrement se déplacer à travers la

---

[97] Youtube (www.youtube.com).
[98] Shutterstock (www.shutterstock.com).
[99] Olivier Seban (www.olivier-seban.com).

France et le monde pour y investir dans la pierre ou *coacher* des élèves. Croyez-vous vraiment qu'il a besoin de cela pour subvenir à ses besoins ? Pas du tout puisqu'il est riche ! Il s'est tout simplement trouvé des activités qui donnent un sens à sa vie.

Bien entendu, vous n'êtes pas obligé de devenir un nomade digital. Il ne s'agit que d'une piste de réflexion destinée à vous offrir de nouvelles perspectives de vie. Vous pouvez tout à fait faire d'autres activités. Par exemple : vous savez pêcher ? Donnez des leçons de pêche aux vacanciers dans votre région ! Vous faites des confitures ? Vendez-les sur Amazon ! Vous voyez, les possibilités sont infinies. Tout dépend de votre personnalité et de vos envies.

Pourquoi pas pratiquer « l'arbitrage géographique » ?

La notion d'arbitrage géographique est un concept qui nous vient d'Amérique du Nord[100]. En effet, l'arbitrage est une notion boursière qui renvoie à l'idée de vendre une position pour en acquérir une autre offrant de meilleures perspectives financières. L'arbitrage géographique suit la même logique. Ainsi, au lieu de rester toute votre vie au même endroit, vous

---

[100] Jeune retraité.ca, « L'arbitrage géographique, un raccourci vers la liberté », 11 décembre 2020, 2 p.

êtes libre, en tant que millionnaire, de passer le restant de votre existence dans des endroits où le climat est toujours beau et la vie moins chère. Par exemple, vous pouvez vivre en location une partie de l'année dans le Sud de l'Europe, puis une autre partie en Amérique du Sud et revenir quelques mois en France à l'été par exemple.

Fini les lourds vêtements d'hiver, bonjour les vêtements légers toute l'année et les paysages ensoleillés. **À la manière des oiseaux migrateurs, vous arbitrerez votre localisation en fonction du beau temps** (les études ont démontré que le soleil exerce une influence positive sur le moral des individus[101]). Et vous pourrez également mener une vie de nomade digital (vous comprenez sans doute mieux désormais pourquoi je vous en ai précédemment parlé). Cerise sur le gâteau, il existe de nombreux pays où il fait beau et dont le coût de la vie est nettement inférieur à celui de la France[102]. Par exemple, il y a l'Espagne, le Portugal, le Maroc, la Thaïlande ou encore tous les pays d'Amérique latine. Ainsi, vous pouvez vous permettre de louer un logement et de vivre confortablement à l'étranger pour un tarif nettement inférieur à chez nous ! Vous n'aurez plus un train de vie de millionnaire mais celui équivalent à un

---

[101] Marie-Christine Colinon, « Le soleil, c'est bon pour le moral ! », Top Santé, 20 juillet 2013, 2 p.
[102] Instinct-voyageur.fr, « Pays les moins chers du monde : 20 destinations où vivre avec 20 € par jour », 11 décembre 2019, 2 p.

milliardaire grâce au pouvoir d'achat gagné avec l'arbitrage géographique !

Cependant, je le concède bien volontiers, vivre à l'étranger plusieurs mois par an dans des appartements de location, loin des amis et de la famille, n'est pas le style de vie auquel tout le monde aspire. Ce n'est d'ailleurs certainement pas la seule façon de vivre et de voir le monde quand on est riche. Je vous livre simplement une suggestion pour mener une existence différente de celle que beaucoup de gens considèrent comme « normale ». Bien entendu, il y a d'autres modes de vie possible. Ainsi, vous pouvez tout à fait décider de rester chez vous au contact des gens que vous appréciez. La seule chose que vous devez garder à l'esprit est que vous n'avez qu'une vie. Par conséquent, une fois devenu millionnaire, le moment de faire enfin les choses que vous aimez est... maintenant ! Il est temps de réaliser vos rêves.

La transmission de votre patrimoine

Un jour, vous enfilerez votre vêtement préféré pour la dernière fois, vous écouterez votre chanson préférée pour la dernière fois, vous verrez vos proches pour la dernière fois, et expirerez votre dernier souffle. Rien ne peut changer cela. Peu importe ce que nous faisons de notre vie, vous et moi allons

146

mourir un jour. C'est une réalité incontournable qui concerne tous les êtres humains.

Cependant, bien que nous sachions tous que nous allons disparaître, bien peu de gens préparent la transmission de leur patrimoine de leur vivant. Pourquoi ne le font-ils pas ? Tout simplement parce que le mot « décès » fait peur. La plupart d'entre nous n'aimons pas aborder la question de notre mort et de ses conséquences pour les autres. C'est une énorme erreur d'appréciation ! Ainsi, beaucoup de successions se passent mal parce qu'elles n'ont pas été préparées en amont[103].

Il y a quelques règles très simples à respecter pour que votre succession se déroule dans de bonnes conditions. La première est qu'**il est interdit en France de déshériter ses enfants**[104]. Par exemple, mettre tout votre argent (ou la majorité) dans un contrat d'assurance-vie au profit d'un tiers qui n'est pas votre enfant sera considéré comme une manœuvre frauduleuse par le juge. Néanmoins, si vous ne vous entendez pas avec vos enfants, vous pouvez recourir à l'aide d'un avocat spécialisé pour réduire leur héritage (mais pas complètement le supprimer).

---

[103] France Info, « Après une longue bataille autour de l'héritage de Johnny Hallyday, son fils David renonce à la succession », 31 juillet 2020, 1 p.
[104] Service-public.fr, « Peut-on déshériter ses enfants ? », 7 février 2020, 1 p.

La seconde règle est de **préparer vos dernières volontés par un testament**. Faites établir ce document par un notaire afin d'être conseillé par un expert. Vous pouvez aborder dans ce document des thématiques telles que :

- les modalités de votre enterrement (cérémonie funéraire, crémation…) ;
- la répartition du patrimoine entre les héritiers ou, en leur absence si vous n'avez pas d'enfants, la désignation d'une personne physique ou morale qui héritera (une mairie, une association…).

Le notaire enregistrera votre testament dans un registre national. Ce document aura une valeur légale au moment de la succession.

La dernière **règle est de préparer un dossier administratif destiné à votre famille**. Il peut, par exemple, prendre la forme d'une chemise ou d'un classeur avec pochettes où vous mettrez :

- une copie de votre pièce d'identité ;
- la liste de tous vos comptes bancaires ;
- les numéros de vos contrats d'abonnement (eau, gaz, électricité, assurances…) ;
- votre numéro de sécurité sociale ;

- votre numéro d'identifiant fiscal ;

- vos numéros de caisses de retraites (si vous êtes retraité)…

À quoi va servir ce dossier ? C'est très simple. Après votre décès, votre famille va devoir clôturer tous vos abonnements, vos comptes et autres prestations. Plus votre dossier fournira d'informations détaillées et plus il sera rapide d'en finir avec les formalités administratives.

Enfin, si vous voulez débarrasser vos héritiers d'un maximum de soucis, notamment financiers, pour votre enterrement, vous pouvez souscrire à une assurance obsèques qui se chargera de gérer votre disparition[105].

N'oubliez pas de donner

Devenir riche n'est pas une fin en soi. En effet, pour mener une existence réussie et heureuse, il faut également savoir vivre en harmonie avec le monde qui vous entoure. Or, je constate que **certaines personnes, en quête d'enrichissement, ne cherchent qu'à faire fortune et puis c'est tout.** Ce sont des gens qui n'ont rien compris à l'existence et ils resteront toujours

---

[105] Capital, « 7 choses à savoir avant de souscrire à une assurance obsèques », 19 janvier 2017, 2 p.

des pauvres (d'un point de vue mental) même s'ils ont de bons revenus !

La Vie ne peut durablement exister qu'avec un équilibre entre le « recevoir » et le « donner ». Les riches l'ont compris depuis très longtemps. C'est la raison pour laquelle, alors qu'ils pourraient se contenter de jouir de leur fortune à l'écart du reste de la société, ils œuvrent au contraire pour améliorer le monde.

À l'image des plus fortunés, **vous pouvez vous aussi contribuer efficacement à changer le monde, pour en faire un meilleur endroit à vivre, en pratiquant trois sortes de don** :

- **le don de temps** : il s'agit de consacrer quelques heures de son précieux temps à une cause qui vous tient à cœur. **Cherchez la meilleure manière de rendre service aux autres.** Faites du bénévolat. Faire don de soi pour s'engager au profit des autres est une noble cause. C'est contribuer au bien-être de tous. Le monde n'existe pas que pour la multiplication du genre humain. Il y a mille et une façons d'aider son prochain et la planète. Par exemple, tout le monde a besoin d'un bricoleur de confiance un jour ou l'autre. Rencontrez de nouvelles personnes, discutez, échangez des idées. Au fil de vos contacts, les gens chercheront à mieux vous connaître. Tous ces contacts vous aideront à vous forgerez une meilleure existence.

- **le don d'argent** : il s'agit de financer des activités qui vous semblent utiles au monde. Donnez au moins 1% de vos revenus mensuels à une organisation caritative de votre choix. **Donner de l'argent est également un moyen de faire du monde un endroit meilleur à vivre.** Ce principe fonctionne tellement bien que toutes les grandes entreprises n'hésitent pas à le mettre en pratique[106]. Combien faut-il donner ? Objectivement, il n'y a pas de maximum au don d'argent...tant que vous en gardez assez pour pouvoir vivre dignement. Il y a néanmoins un seuil qui apparaît être le minimum. Même si vous avez aujourd'hui des moyens modestes, **donnez au moins 1% de vos revenus mensuels.** Si vous Français et que vous faites des dons à des organismes français, vous obtiendrez une réduction de 66% de vos versements dans la limite de 20% de votre revenu

---

[106] *Mac4ever*, « Matching Gift : Apple double les donations de ses employés », 8 septembre 2011, 1 p. (https://www.mac4ever.com/actu/64958_matching-gift-apple-double-les-donations-de-ses-employes - consulté le 27 mai 2017) ; Loïc Venance, « Le mécénat, une constante dans les grandes entreprises françaises », *20 minutes*, 21 octobre 2014, 1 p.

imposable. Pour les autres lecteurs francophones du monde qui me lisent, veuillez-vous rapprocher de l'administration fiscale de votre pays pour obtenir plus d'informations. Par exemple, je sais que les États-Unis et le Canada proposent un système de crédit d'impôt pour les donateurs.

* **le don de choses inutiles** : il s'agit de vous débarrasser des biens qui sont en bon état mais que vous n'utilisez plus. Nous vivons dans une société de surconsommation. Nous gaspillons les ressources naturelles pour produire toujours plus de biens inutiles que nous entassons dans nos logements. Toutes ces choses prennent la poussière et de la place dans les pièces. Elles pèsent inconsciemment sur notre subconscient. **Libérez votre existence en vous débarrassant de tout ce dont vous ne vous servez pas.** Comment savoir si une chose est inutile ? Soyez pragmatique : si vous ne vous servez pas d'un objet pendant plus d'un an, c'est que probablement vous n'en aurez plus besoin à l'avenir. Jetez les objets cassés et irréparables. Donnez les choses inutiles mais qui fonctionnent aux personnes qui en ont besoin (vêtements…). Vous ferez des heureux(ses) ! Vous

contribuerez également à limiter la pollution et le gaspillage des ressources de notre planète en prolongeant la durée de vie des objets

Comme vous pouvez le constater, chacun d'entre nous avons le pouvoir d'exercer une influence positive sur notre environnement, au travers du don, afin de rendre le monde meilleur. Alors qu'attendez-vous pour agir ?

Conclusion

Nous arrivons à la fin du présent ouvrage. Vous savez désormais comment devenir automatiquement millionnaire avec les ETF. Gagner de l'argent et atteindre la prospérité est relativement simple : il suffit d'agir en investisseur, c'est-à-dire que même si vous restez à la maison, vous continuez à vous enrichir. Pour y parvenir, **maintenez vos dépenses au plus bas et mettez votre argent au travail en réalisant de bons investissements pendant de longues périodes**. Les intérêts composés feront le gros du boulot à votre place.

Vous aurez sans doute remarqué que j'ai répété plusieurs fois, au fil des pages de ce livre, un certain nombre d'idées. Ce n'est absolument pas une erreur de style de ma part. J'ai délibérément voulu imprégner votre esprit en vous martelant certaines informations essentielles.

Pour résumer tout ce que vous avez vu dans le présent ouvrage, le plan que je vous propose de suivre est très simple :

1) Vous faites un bilan de votre existence ;
2) Vous assainissez vos finances personnelles et mettez en place votre protection ;
3) Vous épargnez au maximum ;
4) Vous investissez chaque mois cet argent dans des ETF capitalisant suivant l'indice *World* et/ou *S&P 500*. Grâce

aux intérêts composés, votre patrimoine dépassera le million ;

5) Une fois que vous êtes millionnaire, vous retirez chaque année 4% du capital et vous vivez avec cette somme. Votre capital, quant à lui, continuera automatiquement de croître (tout comme votre pouvoir d'achat), malgré l'inflation, grâce à la performance des ETF capitalisant.

Le plan est clair. Il s'agit à présent de l'exécuter en suivant les étapes décrites dans le présent ouvrage ! Si le procédé est simple (il s'énonce en quelques lignes), il n'est pas pour autant facile à appliquer avec constance dans le temps. Il vous faudra plusieurs années avant de devenir millionnaire. **Chaque mois, vous épargnez et vous placez votre argent dans un ou plusieurs *trackers*.** C'est ce que nos amis Anglo-saxons appellent le *lazy investing* (investissement passif). Il n'y a aucune magie pour s'enrichir mais seulement des mathématiques.

Savez-vous quelle est la véritable différence entre ceux qui deviennent millionnaire et les autres ? C'est très simple. Les gens qui réussissent ont de la clairvoyance, de la persévérance et la force de résister aux tentations absurdes du moment. Très peu de personnes vont faire le travail nécessaire pour s'enrichir : ils vont donc rester pauvres.

Pour de nombreuses personnes, **le principal risque est la lassitude**. En effet, il n'y a rien de « sexy » dans le plan à suivre pour devenir millionnaire. Vous n'aurez aucune sensation forte ni de montée d'adrénaline. Vous ne pourrez pas vous vanter devant les gens que vous êtes actif en bourse...puisque justement le principe est d'être un investisseur totalement passif ! Votre capital va augmenter de manière progressive mais pas spectaculaire au fil des années. Par conséquent, je peux d'ores et déjà vous dire que les ¾ des personnes qui liront ce livre et qui appliqueront la méthode proposée vont s'arrêter en cours de route dans les 5 ans qui suivront.

C'est inévitable car la majorité des gens ne sont pas constants dans leur effort pour atteindre un objectif. Cela explique pourquoi il y a plus de pauvres que de gens qui s'enrichissent ! Ce n'est pas un problème de mauvaise répartition de la richesse. Tout le monde peut s'enrichir. Seulement peu d'individus sont prêts à payer le prix pour y parvenir (ici ce sera l'effort constant d'épargne et d'investissement en ETF capitalisant).

La bonne nouvelle est que si vous êtes un des rares qui réalisent vraiment le boulot à faire, vous allez devenir automatiquement millionnaire. Il n'y a aucune magie. Ce sera uniquement la conséquence de votre comportement sur le long terme. Gardez à l'esprit que **votre vie est la somme de vos**

décisions de chaque jour. Copiez le plan d'enrichissement proposé dans le présent ouvrage et affichez-le dans un endroit où vous passez régulièrement (sur la porte du frigo…). Relisez-le tous les jours. Votre esprit doit s'imprégner de ce plan. Je vous souhaite le meilleur pour vos placements.

*

*   *

Une dernière chose…

Je vous remercie pour vous être procuré mon livre. Je sais que vous auriez pu choisir n'importe quel autre ouvrage mais vous avez sélectionné le mien et je vous en suis extrêmement reconnaissant. J'espère qu'il a ajouté de la valeur à votre vie quotidienne.

Si vous avez apprécié cet ouvrage, n'hésitez pas à publier un commentaire honnête et positif sur le site où vous l'avez acheté. Cela ne vous prendra qu'une minute et ce sont toujours les lecteurs qui parlent le mieux des livres.

Sachez que votre avis est extrêmement important. Votre commentaire et votre soutien m'aideront à améliorer cet ouvrage et les suivants.

Ce serait également vraiment chouette si vous pouviez faire connaître ce livre à votre entourage et/ou sur les réseaux sociaux. Cela ne vous coûtera rien mais cela peut apporter beaucoup à la communauté des lecteurs. Je vous souhaite le meilleur pour la suite.

Ludovic MARIN.

BONUS : je vous propose de découvrir gratuitement un extrait de l'un de mes derniers ouvrages en tournant cette page. Bonne lecture !

Extrait de mon ouvrage : « Devenez riche et partez en retraite anticipée : découvrez l'investissement en ETF / tracker »

*   *   *

Combien de fois vous êtes-vous dit : « je voudrais être riche » et « je voudrais m'arrêter de travailler avant que je ne sois trop âgé » ?

Ah la retraite ! C'est le graal de tout travailleur. Il s'agit du moment où vous n'avez plus besoin de besogner pour gagner votre vie et où vous êtes enfin libre de faire ce que vous désirez de votre existence[107]. En effet, **dans une société capitaliste, il est impossible de vivre sans argent**. Ce dernier constitue un aspect incontournable de nos vies car lorsqu'il vient à nous manquer, nous commençons à le compter âprement. **C'est pour ne pas manquer de cet argent que nous passons notre vie à la gagner jusqu'à temps que nous atteignions enfin l'âge légal de la retraite** (62 ans en France en 2020[108]).

---

[107] Emmanuelle Réju, « Les Français veulent profiter de leur retraite », *La Croix*, 6 décembre 2017, 1 p.

[108] Service-Public.fr, « À partir de quel âge peut-on partir en retraite dans le secteur privé ? », (https://www.service-public.fr/particuliers/vosdroits/F14043 - consulté le 4 mars 2020).

Beaucoup d'entre nous ont grandi avec l'idée bien ancrée que la vie est dure et qu'on ne peut espérer que de brefs moments de satisfaction. En effet, la majorité des individus sont enfermés dans un carcan misérable de routine : travail de 8h à 18h, temps de transport de plus en plus long, retour chez soi, tâches ménagères, s'occuper des enfants, coucher après une journée épuisante. Pour couronner le tout, à peine quelques semaines de repos par an (trop courtes pour profiter de sa jeunesse), et la perspective d'un âge de la retraite, ainsi que d'un niveau de pension, qui reculent sans cesse au fil des différentes réformes des gouvernements.

Cependant, la plupart d'entre nous avons des rêves, des envies ou des ambitions qui ne sont pas liés au monde du travail. C'est pourquoi, la majorité de la population française rejette l'idée de devoir travailler plus longtemps[109]. Par exemple, un sondage a révélé que 57% des Français veulent partir à la retraite dès que possible[110].

Dans ce contexte, une question centrale se pose : est-il possible de prendre sa retraite avant l'âge légal ? La réponse est oui ! **Il est tout à fait possible de s'enrichir et de prendre une**

---

[109] Jean-Christophe Martineau, « Réforme des retraites : les Français ne veulent pas de report de l'âge de départ », 17 juillet 2019, *Notre Temps*, 1 p.
[110] Marie-christine Sonkin, « Retraite : 57% des Français veulent partir dès que possible », *Les Échos*, 20 novembre 2017, 1 p.

retraite anticipée. Tous les ans, plusieurs personnes le font. Voyons toute de suite les moyens les plus connus :

- **le mariage** : il faut trouver le conjoint riche qui vous permettra de cesser de travailler. Si vous êtes marié à un(e) personne de condition modeste, c'est râpé ! Pour rappel, « *Pretty Woman* » est une fiction, pas une histoire vraie[111] ! Dans la réalité, les études montrent que la majorité des riches pratiquent l'endogamie, c'est-à-dire qu'ils se marient entre eux[112] ;

- **le loto** : la probabilité que vous gagniez est très faible (1 chance sur 20 millions[113] !) ;

- **l'héritage** : contrairement à la croyance populaire, peu de gens s'enrichissent avec un héritage. Ainsi, en France, un tiers de la population n'hérite de rien et un autre tiers de très peu[114]. Les principales personnes qui

---

[111] Garry Marshall, *Pretty Woman*, Touchstone Pictures, 1990, 119 minutes.

[112] Laura Ravazzini, « Les opposés ne s'attirent pas : le rôle de la formation et du revenu dans la mise en couple en Suisse », *Social Change in Switzerland*, Mars 2019, 13 p. ; Eddy Sabeba, « Envie d'épouser un riche héritier ? C'est mal barré », *Terrafemina*, 9 avril 2015, 1 p. ; *Le Point*, « En France, les héritiers se marient entre eux », 7 avril 2015, 1 p.

[113]Natalie Mayer, « Quelles sont les chances de gagner au loto ? », *Futura Sciences*, (https://www.futura-sciences.com/sciences/questions-reponses/mathematiques-sont-vos-chances-gagner-loto-9064/ - consulté le 18 février 2020).

[114] Vincent Remy, « En France, un tiers de la population n'hérite de rien, un autre tiers de très peu », *Telerama*, 22 novembre 2018, 1 p.

s'enrichissent avec l'héritage sont les héritiers de familles déjà très aisées[115] ;

- **exercer un emploi prévoyant une retraite anticipée** : il existe toute une série de métiers qui, en raison de leurs risques et/ou pénibilité, offrent à ceux qui les exercent la possibilité de partir en retraite plusieurs années avant l'âge légal (policiers, pompiers, douaniers[116]...). Le problème est que tout le monde ne peut pas exercer ces activités.

- **Créer et/ou reprendre une affaire et la revendre avec une plus-value** : il s'agit ici de se lancer dans le *business*. Par exemple, en créant la société d'informatique « Microsoft », Bill Gates est devenu milliardaire (l'homme le plus riche du monde) et il a pris sa retraite à l'âge de 53 ans[117]. Autre exemple, Tom Anderson a créé le réseau social « Myspace », qu'il a revendu plusieurs millions et, il a pris sa retraite à l'âge

---

[115] Vincent Beaufils, « Le poids de l'héritage dans l'origine des grandes fortunes françaises », *Challenges*, 8 juillet 2018, 1 p.

[116] *France info*, « Réforme des retraites : la liste des métiers qui bénéficieront d'un départ anticipé », 16 décembre 2019, 1 p.

[117] Jean-Luc Goudet, « Bill Gates prend sa retraite », *Futura-sciences.com*, 8 janvier 2008, 1 p.

de 46 ans[118]. Cependant, il y a un hic : tout le monde n'a pas la capacité à devenir créateur d'entreprises !

• **devenir un sportif de haut niveau** : tout le monde sait que les sportifs de haut niveau gagnent bien leur vie[119]. Cependant, contrairement aux artistes (chanteurs, acteurs, écrivains...) leur carrière est nécessairement courte car leur physique ne leur permet pas de durer plusieurs décennies. Les personnes qui arrivent au top niveau de leur discipline font fortune et prennent leur retraite très tôt (généralement à 35 ans)[120].

Comme vous pouvez le constater, il existe plusieurs moyens pour partir en retraite tôt. Vous les connaissez forcément tous. Les médias n'arrêtent pas d'en parler car cela fait rêver les foules[121]. Et oui, prendre la retraite tôt est un sujet qui attise l'intérêt des gens car... les moyens mis en avant pour

---

[118] Emma Benda, « Millionnaire et retraité à 46 ans grâce à Myspace », *Ouest France*, 16 juin 2017, 1 p.

[119] Alexandre Turpyn, « Les sportifs de haut niveau sont-ils trop payés ? », *Capital*, 4 juillet 2017, 1 p.

[120] David Kalfa, « Jordan, Beckham, Pelé...Les plus riches retraités du sport », *RFI*, 13 mars 2015, 1 p.

[121] Emmanuelle Gril, « Comment vivre une retraite dorée grâce à un héritage », *Le journal de Montréal*, 15 août 2019, 1 p. ; *France Info*, « Réforme des retraites : les policiers conserveront leur régime dérogatoire, assure Christophe Castaner », 14 décembre 2019, 1 p. ; *Tirage-euromillions.net*, « Triple cout : il gagne au loto, fête son anniversaire et prend sa retraite le même jour », 8 mai 2018, 1 p.

y arriver ne concernent qu'une infime minorité de la population !

Est-ce que vous désirez continuer à rêver ou souhaitez-vous réellement prendre en main votre vie pour partir à la retraite plus tôt que l'âge légal ? En ce qui me concerne, je considère qu'il n'y a aucune fatalité dans la vie. **Il n'y a qu'une seule personne sur Terre qui puisse venir à votre secours et vous savez qui c'est : vous-même.** Oui vous pouvez prendre une retraite anticipée...si vous vous en donnez les moyens !

L'obstacle le plus probable qui vous empêche de vous enrichir, c'est vous-même. Alors que faire pour y arriver ? Il n'y a pas de de solution miracle ni de produit magique mais seulement une méthode simple à appliquer avec discipline dans le temps : **épargner et investir.**

Oui, je sais, cette méthode est loin d'être « sexy ». En effet, soyons honnêtes, peu de gens s'intéressent à la gestion de leur argent. Je comprends parfaitement que vous préfériez plutôt aller voir des amis ou passer du temps à vos loisirs. Toutefois, l'argent ne tombe pas du ciel. La méthode que je vous propose a un grand mérite : elle est accessible à tout le monde car elle est automatisée (ce qui n'est pas le cas des autres solutions que nous avons vu jusqu'à présent).

Bien gérer vos finances personnelles est le début d'une vie plus libre, plus riche, qui vous emmènera à une

retraite anticipée. Comment ? Tout simplement en obtenant des revenus passifs, c'est-à-dire des flux d'argent de votre patrimoine. Cette méthode très largement répandue en Amérique du Nord car nos amis Américains et Canadiens n'ont pas vraiment le choix. Ils sont obligés de se construire leur propre pension car leur système public de retraite est beaucoup moins généreux et solidaire que le modèle français[122]. Par exemple, en 2016, la pension moyenne versée à une personne de 65 ans par le système de retraite public canadien s'élève à 664,57$ CAD/mois (soit environ 438€/mois)[123]. Par conséquent, avec cette somme, aucun Canadien ne peut vivre uniquement de sa pension dans son propre pays ! Dès lors, vous comprenez mieux pourquoi les nord-américains ont des fonds de pension pour obtenir un solide complément retraite.

Chez nous, en France, nous n'en sommes pas encore là. Je suis parfaitement conscient que, comme pour la plupart des gens, votre objectif n'est certainement pas de devenir un expert financier. Ce que vous voulez, c'est vivre une vie agréable. Mais

---

[122] Vincent Touraine, « Retraites aux États-Unis : le paradis des fonds de pension », *France Info*, 4 décembre 2019, 1 p. ; Radio-Canada, « Le régime de pension du Canada fait piètre figure au sein de l'OCDE, selon un rapport », 23 août 2015, 1 p. ; Gérard Horny, « Mieux vaut être retraité en France qu'aux États-Unis », *Slate*, 11 juin 2013, 1 p.
[123] Gouvernement du Canada, « La pension de retraite du Régime de pensions du Canada », (https://www.canada.ca/fr/emploi-developpement-social/programmes/pensions/rapports/retraite.html#1.1 - consulté le 7 mars 2020).

pour cela, **vous avez besoin de mettre votre argent à votre service.** De la même façon que vous n'avez pas besoin d'être nutritionniste pour perdre du poids, vous n'avez pas besoin de tout savoir sur l'économie et la finance pour devenir riche.

Le but de ce livre, c'est que vous en sachiez assez afin de vous lancer en créant votre système d'investissement automatisé qui vous permettra de partir en retraite anticipée. En effet, grâce à une méthode simple à mettre en œuvre, nous allons **redéfinir positivement votre relation avec l'argent.** Cette relation comprend non seulement vos revenus, vos dépenses, vos dettes et vos épargnes mais aussi le temps que ces occupations prennent dans votre vie. De plus, votre relation avec l'argent se reflète dans la satisfaction que vous obtenez vis-à-vis des autres (famille, amis…).

Ce livre n'est pas là pour vous dire de manger des pâtes tous les jours, de rester cloîtré chez vous lorsque vous ne travaillez pas et d'épargner un maximum de votre salaire. Au contraire, il est là pour vous aider à dépenser plus dans des choses qui vous font plaisir et moins dans ce qui vous intéresse peu.

Ce qui nous intéresse, c'est de savoir où va notre argent et de l'utiliser pour financer votre objectif visant à devenir financièrement indépendant. **L'indépendance financière se définit comme le fait d'avoir une quantité d'argent**

suffisante pour couvrir ses besoins avec une source de revenu autre qu'un travail rémunéré.

Vous allez apprendre à vous libérer de la culpabilité, du ressentiment, de l'envie, de la frustration et du désespoir que vous avez antérieurement ressenti relativement à l'argent. Avoir une philosophie sur l'argent est aussi important que d'avoir une philosophie de vie. En réalité, ces deux éléments sont intimement liés. Tout ce que vous avez à faire est de commencer au plus vite.

Ce livre est conçu pour vous fournir une méthode simple à suivre pour partir en retraite anticipée. Il suppose que vous avez une source de revenu mensuel (emploi...). Toutefois « simple » ne veut pas nécessairement dire « facile ». Faire un régime pour perdre du poids, tout comme investir son argent, sont des choses simples mais ce ne sont pas des choses faciles pour autant. Il faut avoir le courage de persévérer.

Comme vous pourrez facilement le constater, le présent ouvrage est un livre d'un volume modeste. Cela devrait donc vous prendra peu de temps pour le parcourir.

Après une première lecture de prise de connaissance, je vous recommande de le lire une seconde fois avec un stylo à la main et de prendre des notes pour agir. La seconde fois prendra nettement plus de temps si vous voulez faire les choses correctement. Tant que vous n'avez pas complété une étape, ne passez pas à la suivante.

Il est important de suivre une progression dans l'organisation de vos finances personnelles pour ne pas vous retrouver avec des questions existentielles à propos de votre argent. Il n'y a que de cette manière que vous obtiendrez des résultats immédiatement tangibles. Le but est de transformer efficacement, durablement et positivement votre vie.

*   *   *

Ce livre broché est disponible chez AMAZON :

- *Devenez riche et partez en retraite anticipée ! : découvrez l'investissement en ETF/tracker*, Amazon, 2020, 194 p.

La version *ebook* de cet ouvrage est disponible chez : AMAZON, APPLE, GOOGLE, KOBO…

Sources

Journaux

André (Régis), « Pourquoi l'immobilier est-il si cher en France ? », Contrepoints, 6 juillet 2016, 2 p.

Bauer-Motti (Fanny), « Stop au processus d'auto-victimisation », JDN, 23 juin 2014, 2 p.

Beaufils (Vincent), « Le poids de l'héritage dans l'origine des grandes fortunes françaises », *Challenges*, 8 juillet 2018, 1 p.

Benda (Emma), « Millionnaire et retraité à 46 ans grâce à Myspace », *Ouest France*, 16 juin 2017, 1 p.

Bernard (Vanessa), « La malbouffe : la maladie du siècle ? », Observatoire santé, 24 juillet 2018, 1 p.

BFM Business, « Immensément riches, ils vivent comme monsieur tout-le-monde », 12 février 2016, 1 p.

BFM Business, « Depuis l'an 2000, le prix du paquet de cigarettes a explosé », 4 juillet 2017, 1 p.

Boursorama, « Bien s'habiller coûte cher ! », 27 février 2019, 2 p.

Business Insider, « Pourquoi les millennials font bien de dépenser leur argent dans des expériences plutôt que dans des choses matérielles selon une experte de la finance », 2 avril 2019, 2 p.

Café de la bourse, « La bulle spéculative de l'or », 27 janvier 2010, 2 p.

Capital, « 7 choses à savoir avant de souscrire à une assurance obsèques », 19 janvier 2017, 2 p.

Capital, « Culture financière : les Français mauvais élèves en Europe », 5 juin 2019, 2 p.

Capital, « Comment augmenter son pouvoir d'achat grâce au cashback ? », 3 décembre 2020, 2 p.

Castillo (Amanda), « L'art de réussir consiste à savoir s'entourer des meilleurs », Le Temps, 15 décembre 2015, 2 p.

Cazenave (Frédéric), « La mauvaise culture économique des Français participe à leur vulnérabilité financière », 3 juin 2015, 2 p.

Chanut (Morgane), « Drogue : ces stars que l'addiction a emportées », Au féminin, 5 février 2014, 2 p.

Christen (Hasina), « La moyenne des 5 personnes », 1er septembre 2016, 2 p.

Colinon (Marie-Christine), « Le soleil, c'est bon pour le moral ! », Top Santé, 20 juillet 2013, 2 p.

Courrier international, « L'hyperconsommation, c'est la mort », 19 novembre 2009, 2 p.

Damianova (Dessy), « Ces milliardaires qui lisent des livres », Le Monde Diplomatique, 11 février 2020, 2 p.

Thépot (Mathias), « 1990, 2007 : deux crises immobilières provoquées par l'innovation financière », La Tribune, 6 mai 2014, 2 p.

Ducros (Christine), « Les Français mauvais élèves en économie », Le Figaro, 8 novembre 2010, 2 p.

Durand (Anne-Aël), « Que reste-t-il après avoir payé les factures ? Les dépenses contraintes minent le pouvoir d'achat »,

Dussapt (Chloé), « 10 conseils de champions pour avoir un mental d'acier au travail », Challenges, 20 janvier 2014, 2 p.

Fauquet (Mahaut), « 7 bibliothèques parisiennes que tout le monde devrait connaître », 12 janvier 2018, Paris Secret, 2 p.

Hansen (Alexandra), Lionel Cavicchioli, « À-t-on vraiment besoin de dormir huit heures par nuit? », Slate 1er mars 2019, 2 p.

Fr24News, « Le rendement boursier moyen au cours des 10 dernières années », 25 août 2020, 2 p.

France info, « Réforme des retraites : la liste des métiers qui bénéficieront d'un départ anticipé », 16 décembre 2019, 1 p.

France Info, « Réforme des retraites : les policiers conserveront leur régime dérogatoire, assure Christophe Castaner », 14 décembre 2019, 1 p.

France Info, « Après une longue bataille autour de l'héritage de Johnny Hallyday, son fils David renonce à la succession », 31 juillet 2020, 1 p.

Goudet (Jean-Luc), « Bill Gates prend sa retraite », *Futura-sciences.com*, 8 janvier 2008, 1 p.

Jobroom, « Le succès : une affaire d'optimisme ! », 8 juin 2015, 2 p.

Le Monde, 14 novembre 2018, 2 p.

Ecalle (François), « Oui, il faut reculer l'âge de départ à la retraite ! », Capital, 3 juin 2019, 2 p.

Fournier (Lorraine), « Le nombre de millionnaires progresse encore plus vite en France que dans le monde », Capital, 9 juillet 2020, 1 p.

Forget (Marc Alphone), « Si nous décidons d'y croire... la puissance de l'optimisme ! », JDN, 16 juin 2014, 2 p.

France Info, « Conso : les pièges à éviter au supermarché », 16 mai 2018, 1 p.

Gril (Emmanuelle), « Comment vivre une retraite dorée grâce à un héritage », *Le journal de Montréal*, 15 août 2019, 1 p.

Horny (Gérard), « Mieux vaut être retraité en France qu'aux États-Unis », *Slate*, 11 juin 2013, 1 p.

Horny (Gérard), « La folie bitcoin ou l'incroyable engouement pour une monnaie controversée », Slate, 2 mars 2021, 2 p.

Investir, « Bourse : le rendement sur le long terme », 30 août 2019, 2 p.

Kalfa (David), « Jordan, Beckham, Pelé...Les plus riches retraités du sport », *RFI*, 13 mars 2015, 1 p.

Kelly-Gagnon (Michel), « Les riches ne paient pas d'impôts ? Vraiment ? », Contrepoints, 22 février 2021, 2 p.

Kim (Tae), « After winnin bet against hdge funds, Warren Buffet says he'd wager again on index funds », CNBC, 3 octobre 2017, 1 p.

La Nouvelle République, « Combien la France compte-t-elle de millionnaires ? », 3 juillet 2019, 2 p.

La Tribune, « Trading à haute fréquence : une finance à haut risque ! », 4 avril 2020, 1 p.

La Voix du Nord, « Bill Gates redevient l'homme le plus riche de la planète », 16 novembre 2019, 1 p.

Lars (Ludovic), « L'affaire Bitcoinica : le succès et la chute de la plateforme de trading de Bitcoin », Journalducoin.com, 17 octobre 2020, 2 p.

LCI, « 3 raisons pour lesquelles 4 Français sur 5 n'investissent pas en bourse », 18 octobre, 2019, 2 p.

Le guide de l'auto, « La garantie prolongée, est-ce une bonne option ? », 13 décembre 2017, 2 p.

Le Soir, « Se lever tôt pour être plus productif », 4 août 2020, 1 p.

Les Affaires.com, « Andrew Hallam, le professeur millionnaire », 27 août 2016, 2 p.

Le Point, « En France, les héritiers se marient entre eux », 7 avril 2015, 1 p.

L'Union, « Black Friday record en France pour Amazon », 7 décembre 2020, 1 p.

Macaulay (Thomas), « Ubuntu VS Mint : Forces et faiblesses pour les entreprises », Le Monde Informatique, 23 février 2018, 2 p.

Martin (Julie), « Les particuliers sont mauvais en bourse : 7 défauts à combattre pour réussir sur les marchés », FinanceDir.com, 7 mars 2017, 2 p.

Martineau (Jean-Christophe), « Réforme des retraites : les Français ne veulent pas de report de l'âge de départ », 17 juillet 2019, *Notre Temps*, 1 p.

Menthon (Pierre-Henri de), « Classement : ces Français qui ont fait fortune à 30 ans avec leur start-up », Challenges, 14 décembre 2013, 2 p.

Mieux vivre votre argent, « Flat tax à 30% : un casse-tête en perspective pour certains détenteurs de placements », 16 septembre 2020, 1 p.

Nille (Jennifer), « Le bitcoin suscite à nouveau de la spéculation », L'Écho, 6 mai 2020, 1 p.

ObjectifEco, « Pourquoi 90% des traders perdent en bourse », 24 février 2017, 2 p.

Pichet (Éric), « Bitcoin à 10.000 dollars : bulle spéculative ou valeur d'avenir ? », La Tribune, 29 novembre 2017, 1 p.

Phuc (Morgan), « Warren Buffet persiste et signe : les cryptomonnaies n'ont aucune valeur », Journal du coin, 25 février 2020, 1 p.

Rebillat (Clémentine), « Il avait remporté 19 millions de dollars : ruiné, le gagnant d'une loterie devient braqueur », Parismatch, 1er octobre 2018, 2 p.

Rouvier (Solene), « Pourquoi épargner ne vous rendra jamais riche », Moneylo, 17 novembre 2020, 1 p.

RTBF, « L'importance des liens entre le corps et l'esprit », 17 février 2019, 2 p.

Saget (Estelle), « Comment l'esprit soigne le corps », L'Express, 27 septembre 2014, 2 p.

Réju (Emmanuelle), « Les Français veulent profiter de leur retraite », *La Croix*, 6 décembre 2017, 1 p.

Remy (Vincent), « En France, un tiers de la population n'hérite de rien, un autre tiers de très peu », *Telerama*, 22 novembre 2018, 1 p.

Riochet (Valérie), « Le fisc américain tacle les ETF synthétiques européens », L'AGEFI, 8 juin 2017, 2 p.

Sabeba (Eddy), « Envie d'épouser un riche héritier ? C'est mal barré », *Terrafemina*, 9 avril 2015, 1 p.

Santolaria (Nicolas), « L'ère est à la société de déconsommation », Le Monde, 15 septembre 2017, 1 p.

Sdworx, « Près d'un travailleur français sur cinq consacre au moins 90 minutes par jour à ses déplacements domicile-lieu de travail », 20 septembre 2018, 1 p.

Sonkin (Marie-christine), « Retraite : 57% des Français veulent partir dès que possible », *Les Échos*, 20 novembre 2017, 1 p.

Templier (Sébastien), « La dépréciation : invisible, souvent ignorée, et très coûteuse », La Presse, 20 octobre 2011, 2 p.

Touati (Marc), « BCE, FED…'Les banques centrales sont prises à leur propre piège', Capital, 13 mars 2020, 2 p.

Touraine (Vincent), « Retraites aux États-Unis : le paradis des fonds de pension », *France Info*, 4 décembre 2019, 1 p.

Turpyn (Alexandre), « Les sportifs de haut niveau sont-ils trop payés ? », *Capital*, 4 juillet 2017, 1 p.

Venance (Loïc), « Le mécénat, une constante dans les grandes entreprises françaises », *20 minutes*, 21 octobre 2014, 1 p.

Vittori (Jean-Marc), « Bitcoin, la vraie raison du succès », Les Échos, 29 novembre 2017, 1 p.

Zone Bourse, « Stratégie : le jeune investisseur deviendra millionnaire », 31 août 2018, p.1.

Émission de radio

France Bleu, « Pour bien dormir, levez-vous et couchez-vous…toujours à la même heure ! », 21 mars 2019, 4 minutes.

Recherches scientifiques

Cooley (Philip L.), Hubbard (Carl M.), Walz (Daniel T.), "Retirement Savings: choosing Withdrawal Rate That Is Sustainable", Trinity University (Texas), 1998, 6 p.

Ravazzini (Laura), « Les opposés ne s'attirent pas : le rôle de la formation et du revenu dans la mise en couple en Suisse », *Social Change in Switzerland*, Mars 2019, 13 p.

Sites institutionnels

Ministère de l'économie, des finances et de la relance, « Qu'est-ce que la garantie bancaire des dépôts ? »,20 janvier 2019, 2 p.

Service-public.fr, « Peut-on déshériter ses enfants ? », 7 février 2020, 1 p.

Sites internet

Airbnb (www.airbnb.fr).

Amundi « La gamme Amundi ETF éligible au PEA évolue », 15 mai 2019, 1 p.

Back Market (www.backmarket.fr).

Bill & Melinda Gates Foundation (www.gatesfoundation.org).

Boursorama (www.boursorama.com).

Dacia (www.dacia.fr).

Evaluatorfunds.com, (https://www.evaluatorfunds.com/charles-schwab-what-to-expect-in-a-bear-market-for-global-stocks/msci-world-index-total-return-in-us-dollars/).

Free2move (www.free2move.com).

Jean de la Fontaine, « La cigale et la fourmi », Poetica.fr.

Financer.com (https://financer.com/fr/finances/calculatrice/calcul-interets-composes/).

Jeune retraité.ca, « L'arbitrage géographique, un raccourci vers la liberté », 11 décembre 2020, 2 p.

ING, « Votre carte Mastercard gratuite et personnalisable », (www.ING.fr).

Instinct-voyageur.fr, « Pays les moins chers du monde : 20 destinations où vivre avec 20 € par jour », 11 décembre 2019, 2 p.

Last Minute (www.lastminute.com).

Linxea (www.linxea.com).

Mayer (Natalie), « Quelles sont les chances de gagner au loto ? », Futura Sciences, (https://www.futura-sciences.com/sciences/questions-reponses/mathematiques-sont-vos-chances-gagner-loto-9064/).

Mac4ever, « Matching Gift : Apple double les donations de ses employés », 8 septembre 2011, 1 p. (https://www.mac4ever.com

/actu/64958_matching-gift-apple-double-les-donations-de-ses-employes)

Medium.com, « Regardez autour de vous : vous êtes la moyenne des 5 personnes les plus proches de vous », 5 février 2017, 2 p.

Mr Tortue, « La règle des 4% : comment faire durer son capital indéfiniement », (https://mrtortue/com/regle-des-4-pourcent).

My Mooc (www.my-mooc.com).

Olivier Seban (www.olivier-seban.com).

Petit (Edouard), « Gestion passive et ETF : comment faire mieux que 97% des gérants ? », Epargnant3.0, 25 octobre 2017, 3 p.

Shutterstock (www.shutterstock.com).

Statista, « Croissance annuelle de l'indice S&P 500 aux États-Unis de 2000 à 2019 », (https://fr.statista.com/statistiques/56487 0/performance-annuelle-de-l-indice-setampp-500/).

Tirage-euromillions.net, « Triple cout : il gagne au loto, fête son anniversaire et prend sa retraite le même jour », 8 mai 2018, 1 p.

Wordpress (https://wordpress.com).

Youtube (www.youtube.com).

Bibliographie

Aftalion (Florantin), Simon (Yves), *Trackers et ETFs : de nouveaux instruments d'investissement*, Economica, 2007, 102 p.

Bach (David), *The Latte Factor: Why You don't Have to Be Rich to Live Rich*, Astria Books, 2019, 160 p.

Buettner (Dan), *Blue zones : où vit-on le mieux et le plus longtemps ?*, Ca m'intéresse, 2010, 277 p.

Nicolas (Berube), *Les millionnaires ne sont pas ceux que vous croyez*, La Presse, 2019, 254 p.

Hallam (Andrew), *Millionaire Teacher : The Nine Rules of Wealth You Should Have Learned in School*, John Wiley & Sons Inc, 2016, 252 p.

Isaacson (Walter), *Steve Jobs: The Exclusive Biography*, Abacus, 2015, 592 p.

Klein (Christopher M.), *Millionnaire avec la stratégie du paresseux – comment investir intelligemment et avec succès dans les fonds indiciels (même pour les novices) et rendre votre conseiller bancaire superflu ?*, KHLE Finance, 2019, 151 p.

Kiyosaki (Robert T.), *Rich Dad's Escape from the Rat Race*, Plata Publishing, 2013, 64 p.

Laulanié (Jean-François de), Les placements de l'épargne à long terme, Economica, 2016, 176 p.

Petit (Édouard), *Créer et piloter un portefeuille d'ETF*, Éditions Édouard Petit, 2018, 230 p.

Schneider (David), *Index Funds and ETFs: What they are and how to make them work for you*, Writingale Publishing, 2017, 170 p.

Stanley (Thomas J. D.), *The millionaire next door : les surprenants secrets des riches américains*, Frégate éditions, 2019, 278 p.

Table des matières

NOTES PERSONNELLES

Printed in France by Amazon
Brétigny-sur-Orge, FR

13187750R00107